KB058731

라틴어 문장 수업

하루 한 문장으로 배우는 품격 있는 삶

라틴어 문장 수업

김동섭 지음

RHK
알에이치코리아

언어를 배우는 것은
다시 산다는 것이다

필자가 라틴어를 처음 배운 것은 대학교 4학년 때였다. 당시 라틴어 수업은 철학과의 고㊀ 김진성 교수님이 가르치셨는데, 라틴어 교본의 성경인 휠록Wheelock의 책으로 공부를 했다. 그때는 원서를 구할 수 없던 시절이라 불법으로 제본한 책으로 공부를 했다. 지금은 원서를 구입해서 가지고 있지만 대학생 때 구입했던 책에 여전히 손이 간다. 학문은 습관이기 때문이다. 지금도 학생들에게 이 책으로 강의를 하고 있다.

이 책의 서문에는 독일어와 프랑스어로 이런 말이 나온다.

Apprendre une langue, c'est vivre de nouveau.
언어를 배우는 것은 다시 산다는 것이다.

-프랑스 속담

Wer fremde Sprachen nicht kennt, weiß nichts von seiner eigenen.

외국어를 모르는 자는 자신의 모국어도 전혀 모른다.

-독일의 문호 괴테Goegthe

언어 속에는 한 민족이 수천 년 동안 걸어온 발자취가 고스란히 녹아 있다. 그런 까닭에 외국어를 배운다는 것은 그 민족의 역사, 문화, 신화, 생활 방식, 세계관 등을 배우는 것과 마찬가지이다.

라틴어는 천 년 동안 번성한 로마 제국의 언어였다. 왕정에서 시작하여 공화정의 장년기를 보내고, 제정을 통해 전 유럽과 중동 그리고 이집트를 손아귀에 넣었던 로마의 모든 역사가 라틴어 속에 들어 있다. 라틴어 속에는 갈리아(프랑스), 히스파니아(스페인), 브리타니아(영국) 속주에 살던 속주민들의 생활상과 그들의 역사도 기록되어 있다. 하지만 게르마니아(독일)는 로마 제국에 편입되지 않았다. 라인강을 건너 게르마니아로 들어갔던 로마 군단이 몰살된 뒤 로마는 다시는 게르마니아를 쳐다보지 않았다.

서로마 제국은 서기 476년에 멸망했다. 제국의 속주는 만족들의 수중에 떨어지고, 문명 세계는 야만의 세계가 되었다. 로마가 그토록 두려워하던 주적主敵 게르만족의 세상이 된 것이다. 그러나 로마라는 저수지에서 발원한 문명의 물줄기는 만족이 새롭게 건설한 세계에 도도히 흘러 들어갔다. 라틴어라는 배를 타고….

로마 제국 이후 서양은 중세라는 암흑의 시기에 들어가지만 라틴어는 중세 유럽인들의 정신세계를 지배하는 언어로 부활하였다. 로마가 비록 물질세계는 게르만족에 빼앗겼을지 몰라도, 제국의 국교로 정한 기독교를 통하여 만족의 새로운 세상을 영적으로 지배하고 있었기 때문이다. 영적 세계의 언어, 즉 가톨릭의 언어는 바로 라틴어였다.

학문의 영역도 마찬가지였다. 중세 대학에서 교수들은 라틴어로 저술 활동을 했으며, 라틴어로 학생들을 가르쳤다. 지금도 여러 대학이 모여 있는 파리의 생미셸 구역을 '라틴어 구역Quartier Latin'이라고 부른다. 네덜란드 출신의 인문주의자인 에라스무스가 파리에서 인문학을 공부할 때, 그는 라틴어로 파리의 학자들과 소통했을 것이다.

이 책에서는 이러한 라틴어로 기록된 경구, 속담, 격언 등을 소개하며 그 유래와 역사적 배경을 설명하고자 했다. 그리고 그런 명구名句들을 통하여 로마 천 년의 지혜를 전하고자 했다. 하지만 아무리 좋은 라틴어 문구라도 원문을 정확히 해석할 수 없다면 전달하려는 메시지가 온전히 와닿지 않는 법이다. 그래서 이 책에서는 라틴어의 특징을 간단히 설명하며 명구들의 뜻을 새겨보고자 했다. 그렇게 하면 원문의 뜻을 더 정확히 이해할 수 있기 때문이다.

학자들은 라틴어가 인류가 사용한 언어 중에서 가장 정확하고 논리적인 언어라고 말한다. 그런 이유에서 혹자는 라틴어의 문법이 너무 어렵다고 말하기도 한다. 이 책에서 필자는 다소 복잡한 라틴어 문법을 가능한 한 쉽게 설명하려고 노력했다. 또한 이 책의 뒤쪽에는 라틴어의 기본 구조와 알파벳, 그리고 발음에 대한 간단한 설명이 실려 있다. 본문을 읽으면서 한두 번 읽어보고, 생각날 때마다 들추어보면 라틴어 문장의 이해에 도움이 될 것이다. 하지만 문법이라는 것은 언어 사용자들 간의 약속이므로 암기해야 할 부분이 늘 있다. 이는 이 책을 읽는 독자들의 몫이다.

이 책은 7개의 큰 주제 아래 80여 개의 문장으로 구성되었다. 각 문장의 배경과 의미를 소개했고, 라틴어 문법도 간략하게 설명했다. 필자의 의도는 라틴어를 모르는 독자들이 문장들을 순서대로 따라 읽다보면 라틴어를 독학할 수 있도록 하는 것이다. 그러다 보니 초반부에는 아무래도 라틴어의 특징이 다소 낯설게 느껴질 것이다. 하지만 하루에 한 문장씩 읽다보면 라틴어의 실체와 고대 로마인들의 역사, 지혜, 영성, 문학, 철학, 예술, 사랑, 삶의 태도에 대해 공감할 수 있을 것이다. 그런 점에서 이 책을 읽을 때 꼭 필요한 라틴어 좌우명을 하나 소개하며 들어가는 글을 마치고자 한다. 필자의 좌우명이기도 하다.

Festina lente!
천천히 서둘러라!

2018년 9월 중추
김동섭

제2강 사랑받고 싶으면 사랑하라

제3강 지혜가 모든 것을 이긴다

제4강 로마인들의 문장

제5강 신의 뜻대로

제6강 마지막을 기억하는 것

제7강 모두는 하나를 위해

라틴어를 배우면 좋은
열 가지 이유

라틴어는 역사상 가장 강성했던 제국 중 하나인 로마 제국에서 사용되던 언어이다. 서양의 정신세계는 크게 두 개의 기둥이 받치고 있는데, 하나는 기독교의 밑바탕을 이루는 헤브라이즘과 또 하나는 헬레니즘으로 대표되는 그리스 문명이다. 전자는 서양인들의 종교관에 결정적인 영향을 주었고, 후자는 학문, 철학 그리고 예술 분야에 큰 영향을 주었다.

하지만 인간은 철학과 종교만으로 살 수 없다. 편하게 살 수 있는 집도 있어야 하고, 안전한 사회생활을 보장해주는 법률도 필요하다. 인간이 원하는 이러한 부분을 만족시켜준 사람들이 바로 로마인들이다. 그들의 제국은 천 년 이상 지속되었고, 온 유럽을 자신들의 기준, 즉 자신들의 언어와 제도로 재편했다. 그런 점에서 로마 제국의 언어인 라틴어는 서양인들의 정신세계를 투영하는 거울과 같다. 라틴어를 배우면 좋은 열 가지 이유를 들어보자.

Ⅰ 영어 어휘의 50퍼센트 이상이 라틴어이다.

많은 영어 단어들이 라틴어와 라틴어 계열인 프랑스어를 통해서 들어왔다. 말이 50퍼센트지 이 정도면 영어는 라틴어 계열의 언어라고 불러도 될 듯하다.

영어	The	question	is	difficult
라틴어	•	Quaestio	difficile	est
독일어	Die	Frage	ist	schwierig

이 문장들은 같은 의미의 문장을 세 언어로 비교한 것인데, 영어는 같은 계열의 독일어보다 오히려 어족상 다소 먼 라틴어와 유사한 말이 많음을 알 수 있다. 반면에 영어와 독일어를 비교해 보면 유사성이 별로 보이지 않는다. 그만큼 영어는 라틴어와 프랑스어의 영향을 많이 받았다는 증거이다. 그러므로 라틴어를 배운다는 것은 영어의 뿌리를 배우는 것과 같다.

Ⅱ 현대 학문의 용어들은 대부분 라틴어이다.

천문학에서 춘분은 Vernal equinox라고 부른다. '봄'을 의미하

• 라틴어에는 영어의 the에 해당하는 정관사나 a 같은 부정관사가 없다. 의미상 관사가 있다고 생각하고 이해하면 된다.

는 vernal에서 **ver**는 라틴어로 봄이고, equinox에서 **equi**는 '같다', **nox**는 '밤'으로 즉 낮과 밤이 같은 날이다. 화학의 원소기호 역시 모두 라틴어에서 왔다. 금^{Au}은 라틴어 **Aurum**, 은^{Ag}은 **Argentum**, 철^{Fe}은 Ferrum에서 원소명이 유래하였다.

Ⅲ 법률과 논리의 언어이다.

로마법은 서양 법률의 모태가 되었다. 그들은 토론과 웅변을 좋아했고, 법률 관련 표현도 영어에 상당히 많이 들어와 있다. veto^{거부권}, non sequitur^{불합리한 추론}, amicus curiae^{법정 조언자}, caveat emptor^{매수자 위험부담 원칙}, pro bono^{무료의}, quorum^{정족수} 같은 말들이 라틴어에서 온 법률 용어들이다.

Ⅳ 인간이 만든 가장 논리적인 언어이다.

라틴어 문장 Amicus bonus est in Roma^{좋은 친구가 로마에 있다}에서 Amicus는 '친구는'을 의미하는 주어의 형태이고, 형용사 bonus^{좋은} 역시 주격의 형태이다. 라틴어가 영어와 다른 점은 많은 형용사가 명사 뒤에 놓인다는 것이다.

또 다른 문장을 보자. 라틴어 문장 Video amicum bonum^{나는 좋은 친구를 본다}에서 video는 '내가 본다', amicum은 '친구를', bonum은 '좋은'의 의미인데, 앞의 문장과 어미의 형태가 다르다. -s 대신에 -m이 붙어 모두 목적어가 되었다. 라틴어는 우리말의 조사에 해당되는 어미가 특히 중요하다.

Ⅴ 인지 능력을 향상시켜주는 언어이다.

영어의 동사 take의 변화는 takes, took, taken 정도이다. 그런데 라틴어의 동사 videre(보다)의 변화 형태는 6개의 시제(현재, 완전 과거 등)에 6개의 인칭(1인칭 단수, 3인칭 복수 등)으로 각각 달라 6×6=36개의 형태가 존재한다. 단 능동 형태의 경우에 그렇다. 수동 형태에서도 같은 수의 변화 형태가 존재하니까 어림잡아 72개의 동사 형태가 존재한다.

따라서 라틴어 동사의 정확한 시제와 인칭을 구분하는 것 자체가 기억력을 향상시켜주고, 활발한 두뇌 활동을 촉진시켜준다. 미국을 비롯한 서구의 중고등학교에서 라틴어 수업을 강조하는 이유이다.

Ⅵ 전 세계에 라틴어의 후예들이 있다.

라틴어에서 갈라진 언어 집안으로는 이탈리아어, 프랑스어, 스페인어, 포르투갈어 등이 있다. 거기에 영어도 같은 집안 구성원이나 다름이 없다. 영어권과 스페인어권 그리고 프랑스어권과 포르투갈어권이 모두 라틴어의 후손들인 것이다. 인구수만 놓고 보아도 서양어의 대부분을 차지한다고 말할 수 있다. 그렇기 때문에 다국적 기업들이 신상품을 개발할 때 라틴어를 사용하면 많은 소비자들에게 상품명을 더 쉽게 이해시킬 수 있는 것이다.

Ⅶ 서구 문명의 뿌리가 되는 언어이다.

서양 문명은 그리스에서 발원하여 로마라는 저수지를 통해 각

나라로 그 물이 흘러들어 갔다. 그러므로 라틴어를 배우는 것은 서양 문명의 근간을 배우는 것과 다름이 없다. 로마의 법 제도와 건축 기술 그리고 라틴어 문학이 서양 문명의 중심이 되었다는 사실은 부정할 수 없다. 공화국을 의미하는 영어의 Republic 역시 로마의 공화정을 일컫는 Res publica에서 나왔고, 황제를 뜻하는 Emperor도 라틴어의 Imperator에서 나왔다.

Ⅷ 기독교의 언어이다.

한국에서도 가톨릭 미사는 1966년까지 라틴어로 거행하였다. 라틴어는 가톨릭 미사의 교류 언어이자 로마 가톨릭의 산 증인인 셈이다. 미사Missa란 말도 '파견하다'라는 라틴어 동사 mittere에서 나왔다. 파견된 목적이 '선교의 임무'를 수행한다는 뜻에서 미션Mission의 어원과 같다. 라틴어 성경이 영어를 비롯한 유럽의 여러 언어로 번역된 것은 근대 이후이다.

Ⅸ 문화적 수준을 높이는 언어이다.

로마 문명 천 년 동안 이룩한 문학과 예술은 지금도 유럽인들의 핏속에 면면히 흐르고 있다. 라틴어를 배우면 로마인들의 교양 있는 삶과 예술에 대한 사랑 등을 언어를 통해서 익힐 수 있다. 영어와 프랑스어의 뿌리인 라틴어를 공부한다는 것은 중국 문화의 뿌리인 한자를 공부하는 것과 다름이 없다. 영어의 예술Arts과 문학Literature이란 말이 라틴어 Ars와 Litteratura에서 나왔다.

X 라틴어를 배우는 것은 자기완성의 시험대가 될 수 있다.

혹자는 라틴어가 어렵다고 한다. 하지만 라틴어처럼 정확한 언어도 없다. 반대로 영어는 처음에는 쉬운 것 같지만 배울수록 난해한 언어이다. 라틴어에 도전하는 것은 자신의 문화 수준을 높이는 동시에 자신과의 도전을 완수하는 좋은 계기가 될 수 있다.

오늘을 살아라

천천히 서둘러라

~~~~

Festina lente

외국 원서를 번역한다는 것은 생각보다 힘든 작업이다. 작년에 번역을 마친 책은 400쪽이 넘었다. 내용도 중세 유럽의 역사에 관한 책이어서 처음에는 번역 작업을 시작할 엄두가 나지 않았다. 그때 나의 좌우명이 머릿속에 떠올랐다.

천천히 서둘러라.

그리고 번역 작업을 시작했다. 하루에 2쪽씩 번역을 하면 200일이 걸리는 작업이었다. 매일매일 작업을 꾸준히 하다 보니 하루에 평균 4쪽씩 번역할 수 있었다. 그리고 딱 100일 만에 번역을 마쳤다. 중도에 포기하지 않고 꾸준히 번역한 결과였다.

라틴어 문장 수업에서 제일 먼저 소개하는 경구는 바로 끈기와 집중을 통해 자신에게 주어진 일을 마칠 수 있다는 메시지를 전하는 말이다.

천천히 서둘러라. 모순적인 의미를 지닌 이 경구는 로마의 초대 황제 아우구스투스의 좌우명이다. 아우구스투스가 누구인가? 카이사르가 공화파인 브루투스 일당에게 암살당한 후 로마 사람들은 카이사르의 후계자로 그를 오랫동안 보필한 당시의 실력자 안토니우스를 예상했다. 하지만 그의 유언장에는 다른 이름이 적혀 있었다. 바로 거의 존재감이 없었던 아우구스투스였다.

사람들은 아우구스투스를 한낱 애송이로 생각했지만 그는 야심을 지닌 젊은이였다. 아우구스투스는 자기가 해야 할 일과 할 수 있는 일을 정확히 구분하여 한 발씩 실행에 옮겼다.

고대 그리스인들은 시간을 미래를 향하여 직선 위에서 흘러가는 크로노스Chronos와 시간의 깊이를 나타내는 카이로스Kairos로 구분하여 생각했다. 크로노스는 자연스럽게 흘러가는 물리적인 시간을 말하고, 카이로스는 특별한 의미가 부여된 시간을 말한다. 우리말로 구분한다면 크로노스는 '시간'이 될 것이고, 카이로스는 '시각', 혹은 '때'가 될 것이다.

신화 속의 크로노스는 그 형태가 없거나, 간혹 수염이 긴 노인으로 표현된다. 하지만 제우스의 아버지인 크로노스Cronos와는 다른 신이다. 크로노스가 의미하는 시간이란 자연이 순환하는 시간, 즉 인간이 태어나서 죽기까지의 시간을 의미한다.

이에 비해 제우스의 아들 혹은 형제로 등장하는 카이로스는 조금 특별한 시간의 신이다. 일단 그는 외모가 특이하다. 앞머리는 길어서 사람들로 하여금 자신의 얼굴을 분간할 수 없게 만들고, 뒷머리는 대머리이다. 사람들이 카이로스를 발견하면 그의 앞머리를 잡아채어 자신의 시간, 즉 기회를 포착하려고 한다. 하지만 기회는 순간에 잡아야 한다. 앞머리를 놓치면 뒷머리를 잡을 수 있다고 생각하지만 카이로스의 뒷머리는 대머리다. 지나간 기회는 잡을 수 없다는 뜻이다. 게다가 카이로스는 날개까지 가지고 있다. 기회는 날아간다는 의미이다.

사람들에게 두 시간 중에서 하나를 선택하라고 하면 카이로스를 선택할 것이다. 그만큼 카이로스는 특별한 시간이기 때문이다. 사람들은 말한다.

"오늘 내가 허비했던 크로노스는 어제 죽은 사람에게는 그토록 귀중한 카이로스가 아니었던가?"

Festina
페스티나 *
서둘러라

lente
렌테
천천히

Festina lente에서 festina의 원형은 festinare인데 1군 동사의 활용은 다음과 같다(각 동사의 활용 형태는 부록을 참조).

---

* 라틴어의 발음을 옮겼고, 그 아래에는 정확한 문법을 고려한 의미를 적었다.

인칭	현재 활용형
Ego* 나	festino
Tu 너	**festinas**
is** 그	festinat
nos 우리	festinamus
vos 너희	festinatis
ii 그들	festinant

　라틴어는 대명사 주어를 굳이 사용할 필요가 없으므로 festinas 라고 하면 '너는 서두르다'가 되고, 여기에서 s를 탈락시키면 명령법이 된다. 즉 '서둘러라'라는 뜻이 된다. Lente는 '천천히'라는 부사이므로 영어로 바꾸면 slowly가 될 것이다.

　아우구스투스가 '서두르라'고 말한 시간은 물리적인 시간인 크로노스가 아니라 상대적인 시간인 카이로스를 말한 것이었다. 천천히 준비하는 것처럼 보이지만 누군가에게는 자신의 운명을 정할 수 있는 그런 시간인 카이로스를 자신의 기회로 삼아야 한다는 말이었을 것이다.

　카이로스의 손에 저울이 들려 있는 것은 자신에게 도래한 이 기회를 정확히 저울질해서 판단하라는 뜻이고, 칼을 들고 있는 것은 칼같이 결단을 내리라는 뜻이다. 아우구스투스는 자신이 카이

---

* 　라틴어에서는 인칭 대명사가 대개 생략된다. 만약 Ego를 주어로 사용한다면 강조의 의미이다.
** 　라틴어에는 3인칭 대명사의 주격이 없다. is는 영어의 this처럼 지시 대명사인데, 인칭 대명사의 주격으로도 쓰인다. 복수인 ii도 마찬가지이다.

〈카이로스의 시간Time as Occasion (Kairos)〉
프란체스코 데 로시, 1543~1545년,
베키오 궁전 박물관Palazzo Vecchio Museum

사르가 이루지 못한 제국의 기초를 놓기 위해 천천히, 하지만 결단력을 가지고 한걸음씩 앞으로 갔던 것이다. 또한 제국을 경영하는 황제로서 신중하면서도 신속한 자세가 필요하다는 것을 역설하고 있는지 모른다.

한자 숙어 중에 Festina lente와 아주 비슷한 말이 있다. '호랑이의 눈으로 보면서 소처럼 걸어간다'라는 호시우행虎視牛行이 바로 그것이다. 인생을 살다보면 호랑이처럼 카이로스의 번개 같은 결단이 필요한 때가 오는 법이다.

오늘은 나에게,
내일은 당신에게

~~~~

Hodie mihi, cras tibi

인간에게 죽음은 누구도 피해갈 수 없는 운명의 종착역이다. 고대인들은 죽음의 세계가 미지의 세계라고 생각하였기에 그곳을 다스리는 신을 절대 신으로 숭배하였다. 고대 이집트인들이 사후 세계를 관장하는 오시리스 신을 가장 위대한 신으로 숭배한 것이 좋은 예이다.

그리스 신화에서도 저승 세계는 절대 권력의 공간이었다. 저승에 내려갔다가 살아 돌아온 주인공은 헤라클레스와 최고의 가수 오르페우스뿐이었다.

오르페우스의 아내 님프 에우리디케는 어느 날 산책을 갔다가 뱀에 물려 죽고 만다. 상심한 오르페우스는 명부冥府에 내려가 하프를 연주하여 저승의 왕인 하데스의 마음을 돌려놓는 데 성공한다. 하지만 신화 속의 신은 항상 인간의 나약함을 시험한다. 하데스는 오르페우스에게 이승으로 나가기 전까지 뒤따라오는 에우리디케를 돌아보면 안 된다는 조건을 달았다.

하지만 이승으로 나가는 출구가 보일 때 오르페우스는 에우리디케가 자신을 뒤따라오는지 궁금한 마음을 참지 못하고 뒤를 돌아보고 말았다. 결국 뒤따라오던 에우리디케는 다시 저승 세계로 떨어지고 만다.

오르페우스는 신이 인간에게 내린 신탁을 의심한 죄로 아내를 명부에서 구해올 수 없었다. 신화는 인간에게 망자는 결코 다시 살아올 수 없다는 진리를 전하고 있는 것이다.

Hodie	**mihi,**	**cras**	**tibi**
호디에	미히	크라스	티비
오늘	나에게	내일	너에게

이 경구는 중세 유럽인들의 묘비에서 자주 발견되는 말이다. "오늘은 내가 죽지만 내일은 네 차례"라고 인생의 무상을 암시하고 있다. 결국 이 경구는 모든 인간이 죽을 운명이라는 사실과 현실적인 로마인들의 내세관을 잘 보여주는 말이다.

로마의 정치가이자 작가인 페트로니우스[Petronius]의 장편 소설 《사티리콘[Satyricon]》에는 이런 장면이 나온다. 손님을 초대한 집주인이 최고의 와인을 내온다. 그런데 그 와인을 시음하기 전에 집주인은 "불쌍한 인간들! 인생이 얼마나 부질없는가? 우리는 모두

지옥의 신 오르쿠스의 노예가 아닌가?"라고 말하며 은으로 만든 해골 장식을 손님들에게 보여준다. 고대 로마인들이 생각했던 인생의 무상함을 엿볼 수 있는 부분이다.

이 격언에서 시간을 나타내는 오늘과 내일은 각각 hodie와 cras 이고 '나에게'를 뜻하는 mihi(to me)와 '너에게'를 뜻하는 tibi(to you)가 보인다. 영어도 인칭대명사가 I, my, me 등으로 변하는 것처럼 라틴어도 마찬가지이다. 참고로 영어의 1인칭 대명사 I는 라틴어로 Ego(에고)라고 한다. 이기주의라는 의미를 지닌 Egoism의 어원이다.

라틴어 대명사를 영어와 비교하면서 익혀 보자.

	1인칭	2인칭
나는	ego	tu
나의	mei	tui
나에게	**mihi** ^{미히}	**tibi** 티비
나를	me	te
나에 의해	me	te

고대인들이 자신들의 신화에서 죽음의 신들을 숭배한 것처럼 고대 로마인들도 죽음의 신들을 주요 신으로 섬겼다. 로마인들은 인간에게 생명을 주고 빼앗아가는 세 명의 신을 의인화하여 parca(파르카)라고 불렀다. 파르카의 뜻은 본래 '목숨을 살려주다'

• 표에서 굵은 활자 표기는 본문에 나온 형태를 가리킨다

라는 의미인데, 이런 뜻이 붙은 것은 세 명의 신이 인간의 목숨을 좌지우지했기 때문이었다.

로마인들은 첫 번째 운명의 여신의 이름을 노나^{Nona}라고 불렀다. 노나는 라틴어로 9를 의미하는데 아이가 엄마 배 속에 아홉 달 동안 있다가 나오기 때문에 그런 의미가 생겼다. 우리는 아이가 열 달 동안 배 속에서 있다고 생각하지만 로마인들은 아홉 달이라고 생각했다고 한다. 노나에 해당되는 그리스 여신은 클로토^{Clotho}인데 그 의미는 '실을 잣는 여자'이다. 클로토는 세 명의 여신 중에서 가장 나이가 어렸는데 인간에게 운명의 실을 연결해 주는 신이다.

두 번째 운명의 여신은 데키마^{Decima}로 이 여신은 노나가 만든 실을 실패에 감는 일을 한다. 인간의 운명을 결정짓는 신이다.

세 번째 신은 모르타^{Morta}로 그리스인들은 아트로포스^{Atropos}라고 불렀으며, 그 뜻은 피할 수 없다는 뜻이다. 모르타는 인간에게 부여된 실을 잘라 주어진 생명을 거두는 일, 즉 죽음을 마무리하는 신이다. 영어에 mortal(영원히 살 수 는 없는)이 이 여신의 이름에서 나왔다.

예술은 길고,
인생은 짧다

~~~

Ars Longa, Vita Brevis

의술의 아버지 히포크라테스가 한 이 말은 인생은 덧없지만 예술의 영속성은 영원하다는 말로 널리 알려져 있다. 그런데 이 경구의 원전을 보면 기존의 해석에 다소 문제가 있어 보인다.

Ars longa, vita brevis,
기술은 길지만 인생은 짧고

occasio praeceps, experimentum periculorum,
기회는 빨리 지나가고, 실험은 불완전하고,

iudicium difficile
판단은 어렵다.

여기에서 오역의 핵심은 Ars라는 말이다. 지금은 예술로 번역하지만 이 단어의 첫 번째 의미는 '테크닉'을 의미하는 '기술'이다. 여기에서 기술이란 학문적인 기술, 즉 히포크라테스의 전공인 의술을 말한다고 볼 수 있다. 그러므로 원전을 충실히 번역하면 '인생은 짧지만 기술, 즉 학문은 영원하다'이다. 이후 문장은 '학문을 실현할 기회는 재빨리 지나가고, 의학의 실험은 불완전하고, 결과에 대한 판단은 어렵다'는 뜻이 아마도 정확한 번역일 것이다.

히포크라테스 이야기가 나온 김에 서양 의학의 상징인 뱀에 대해 얘기해보자. 세계보건기구WHO의 로고에는 그리스 신화에 등장하는 의술의 신 아스클레피오스의 지팡이가 그려져 있다. 아스클레피오스는 아폴론의 아들로 태어나서 카이론(상체는 인간 하체는 말)으로부터 의술을 배웠다.

고대 인류의 신화에는 뱀이 자주 등장하는데, 신화 속의 뱀은 부활과 파괴의 상징으로 여겨졌다. 그리스 신화에서도 뱀은 맹독으로 생명을 빼앗는 존재이지만, 자신은 허물을 벗고 다시 태어나는 재생의 상징으로 자주 등장한다. 그리스 신화에 등장하는 괴물

세계보건기구 WHO의 로고

메두사는 머리카락이 뱀이었는데 페르세우스에 의해 목이 잘리고 만다. 메두사의 목에서 피가 떨어지자 아스클레피오스는 그 피를 받아 사람들을 살렸다고 한다.

이제 원전의 라틴어를 하나씩 풀어보자. 단, ars의 해석은 비록 오역일지라도 '예술'로 번역하기로 하자. 그만큼 이 경구는 우리에게 잘 알려져 있기 때문이다.

Ars	**longa,**	**vita**	**brevis**
아르스	롱가	비타	브레비스
예술은	길다	인생은	짧다

여성 명사 Ars는 3군 곡용명사의 주격이고, 또 다른 여성 명사 vita는 1군 곡용명사의 주격이므로 아래 표처럼 그 형태가 변한다.

격	단수	복수
주격	**ars** 기술은	artes
소유격	artis 기술의	artium
여격	arti 기술에게	artibus
대격	artem 기술을	artes
탈격	arte 기술로	artibus

격	단수	복수
주격	**vita** 인생은	vitae
소유격	vitae	vitarum
여격	vitae	vitis
대격	vitam	vitas
탈격	vita	vitis

라틴어의 형용사는 크게 두 가지 점이 영어와 다르다. 먼저 형용사는 수식하는 명사의 성에 따라 그 형태가 구분된다. 오늘 나온 '길다'라는 형용사는 'longus, longa, longum'의 세 형태를 갖는데 각각 남성, 여성, 중성형이다(부록의 형용사 곡용표 ⓐ-1 참조). 그러므로 여성 명사 ars를 수식하는 형용사는 여성 형용사 longa가 된다. Brevis도 마찬가지다. 형용사 brevis는 주격은 남성형과 여성형이 모두 brevis이고 중성형만 breve이다(ⓐ-4 참조).

두 번째로 들 수 있는 라틴어 형용사의 특징은 그 위치가 명사 뒤에 온다는 사실이다. 그리고 형용사도 명사처럼 동일한 형태 변화, 즉 곡용을 한다.

어려울 때 친구가
진짜 친구

~~~~~

Amicus certus in re incerta cernitur

로마 공화정의 절정기에는 영웅들이 많았다. 공화정이 로마 미래의 걸림돌이라고 생각한 카이사르와 공화정의 절대 신봉자인 키케로도 이 시기의 주인공들인데, 그들은 정적이기 이전에 친구였다.

키케로는 집정관Consul을 지낸 변호사이자 웅변가로 그가 쓴 저술 중에는 《우정에 관하여De Amicitia》가 있다. 이 책은 키케로의 스승이었던 스카이볼라가 우정에 관하여 장인 라일리우스에게 들었던 내용을 키케로가 전하는 방식으로 기술되었다. 라일리우스는 이렇게 말했다.

인생에서 우정을 앗아가는 자들은

세상에서 태양을 앗아가는 것이나 다름없다네.

우정이란 뜻의 Amicitia라는 말은 사랑을 의미하는 Amor에서
나왔다. 그렇기에 키케로는 우정이란 필요와 계산이 아닌 사람의
감정이 호의와 결합될 때 맺어진다고 말한다.

키케로는 우정에 관하여 다음과 같은 말들을 했다.

둘도 없던 친구의 죽음, 지나치게 괴로워하지 말자.

우정은 셀 수 없이 많은 이점을 가져다 준다.

진정한 우정은 어떤 경우에도 변하지 않고 영원하다.

우정을 이어나가는 것은 생각보다 훨씬 어렵다.

어느 한쪽이 미덕을 저버린다면 우정은 깨진다.

부유하더라도 나눌 친구가 없다면 불행하다.

우정을 쌓는 데 한계를 정하지 마라.

우정 때문에 악덕을 행한다면 그건 우정이 아니다.

입에 발린 말은 친구를 파멸의 늪에 빠뜨린다.•

오늘 소개하는 우정에 관한 격언도 키케로의 말들 중의 하나이
다. 라틴어 원문을 보자.

• 《우정에 관하여》, 키케로, 정윤희 옮김, 원앤원북스, 2016년.

Amicus	certus	in	re
아미쿠스	케르투스	인	레
친구	진정한	~안에	~것

incerta	cernitur
인케르타	케르니투르
불확실한	구분된다

이 경구에서 설명이 필요한 단어는 '물건', '사물'을 뜻하는 re와
3군 동사 cerno의 수동 현재형이다. 먼저 5군 곡용명사 res의 곡
용을 보자(부록 ❺).

격	단수	복수
주격	res	res
소유격	rei	rerum
여격	rei	rebus
대격	rem	res
탈격	**re**	rebus

이 곡용표에서 보듯이 영어로 thing을 의미하는 남성 명사 res
가 본문에서는 re의 형태로 사용되었는데 그 이유는 전치사 in이
탈격을 요구하기 때문이다. Res 다음에 '공공의'라는 여성 형용사
publica가 오면 Res publica가 되는데, 프랑스어 République와 영
어 Republic의 어원이다. '공공의 것' 혹은 '공화국'이란 말은 이렇
게 만들어졌다.

Amicus certus는 '확실한 친구'를 말하는데 certus가 '확실한'이

라는 남성 형용사이다. 그리고 certus 앞에 in이 붙으면 반대말이
된다.

이번에는 3군 동사 cerno의 현재 활용형을 보자(부록의 동사 활
용표 **3**). 그런데 본문에 나오는 cernitur의 형태는 보이지 않는다.
그 이유는 다음과 같다. 영어에서 수동문은 be 동사 다음에 과거
분사를 사용하여 만든다. 하지만 라틴어는 수동태의 형태를 따로
가지고 있다.

인칭	현재 활용형
Ego 나	cerno
Tu 너	cernis
is 그	cernit
nos 우리	cernimus
vos 너희	cernitus
ii 그들	cerunt

다음의 활용표가 cernare 동사의 현재 수동태이다. 영어로 생각
해보면 'He is loved by his people'이라는 문장을 'He lov**itur**(=is
loved) by his people'라고 쓰는 것이다. 물론 lovitur라는 동사 형
태는 영어에 존재하지 않는다.

영어와 라틴어의 수동 구문의 차이는 영어는 be 동사를 쓰는
복합형이지만, 라틴어는 동사에 어미를 붙여 수동태를 표시한다.
그러므로 본문에 사용된 cernare 동사의 현재 수동 3인칭 단수는
이 표에서 보듯이 cernitur가 되고, 그 뜻도 '구분된다'라는 수동의

의미로 번역해야 한다.

인칭	현재 수동 활용형
Ego 나	cernor
Tu 너	cerneris
is 그	**cernitur**
nos 우리	cernimur
vos 너희	cernimini
ii 그들	ceruntur

진정한 친구는
또 다른 내 자신이다

~~~~~

Verus amicus est alter idem

"그 사람을 판단하려면 그 사람의 친구를 보라"라는 말이 있다. 사람은 자신과 생각이 비슷하고 공감하는 부분이 많은 사람과 친구가 된다. 살아가면서 우리는 몇 명이나 진정한 친구를 만날 수 있을까? 진정한 친구가 한 명이라도 있는 사람은 행복하다고 현자들은 말하지 않았던가.

키케로는 《우정에 관하여》에서 진정한 우정이란 선한 사람들 사이에서 가능하다고 전제한다. 악인들 사이에서 우정은 싹틀 수 없기 때문이다. 선한 사람들이란 일상생활에서 상식에 따라 살아가는 사람을 말한다. 하지만 상식에 따라 사는 것이 얼마나 어려운 일인가. 탐욕과 방종 그리고 유혹에 흔들릴 때가 어디 한두 번

이었던가. 진정한 우정은 쉬운 것을 주문하는 듯하지만 사실은 가
장 어려운 것을 우리에게 요구하고 있다.

키케로는 진정한 친구란 또 다른 자신이라고 말한다. 그는 진
정한 우정을 찾기 위해서는 자신이 먼저 선한 존재가 되어야 한
다고 역설한다. 자신은 선행을 베풀지 않으면서 선한 친구로부터
우정을 얻으려는 사람이야말로 파렴치한 사람이라는 의미이다.
키케로의 말을 보자.

Verus	**amicus**	**est**	**alter**	**idem**
베루스	아미쿠스	에스트	알테르	이뎀
진정한	친구는	~이다	다른	내 자신

Verus는 '진실한'이라는 말이고 amicus는 '친구'이다. alter(@-2)
는 '다른'이고, idem은 '똑같은'이라는 뜻으로 영어로는 same이 된
다. '다른'을 의미하는 남성 형용사 alter는 단수 주격이다. 3번째
단어 est는 영어의 be 동사 is인데 다음과 같이 그 형태가 변한다.

인칭	현재 활용형
Ego 나	sum
Tu 너	es
is 그	**est**
nos 우리	sumus
vos 너희	estis
ii 그들	sunt

행운은
용기를 뒤따른다

~~~~~

Animum fortuna sequitur

어떤 이들은 "운도 실력이다"라는 말을 한다. 이 말을 곰곰이 생각해보면 운이라는 것도 열심히 노력하는 사람에게 찾아온다는 말일 것이다.

고대 로마인들은 운의 신을 포르투나^{Fortuna}라고 불렀다. 영어로 재물을 뜻하는 fortune의 어원이다. 이 신은 여성의 모습을 하고 구 위에서 균형을 잡으며 인간의 운명을 정하고 있다. 포르투나는 손에 든 풍요의 뿔로 인간에게 행운을 가져다주기도 하고, 그 반대의 운명을 주기도 한다.

그렇다면 운만 있으면 인간의 운명은 행복해질 수 있을까? 르네상스 시대의 이탈리아 사상가인 마키아벨리는 인간이 성공하려

운명의 바퀴를 타고 돌고 있는
중세인들의 모습이다.

면 포르투나 말고도 비르투Virtu도 있어야 한다고 역설한다. 마키
아벨리가 말하는 비르투는 도덕적 '덕성'이 아니라 포르투나를 극
복할 수 있는 힘이나, 자신의 의지를 통제할 수 있는 능력을 말한
다. 그렇기 때문에 그는 포르투나가 인간의 운명을 절반 정도만
지배하며, 나머지는 비르투에 의해서 결정된다고 주장했다. 쉽게
말해, 운만 좋다고 성공하는 것이 아니라 많은 노력과 자기 극복
을 통하여 인간은 성공한다는 것이다.

중세 유럽인들은 운명의 수레바퀴가 인간의 운명을 그대로 보
여준다고 생각했다. 운명의 수레바퀴는 4명의 사람이 함께 돌리
는데, 각자의 위치는 인생의 여정을 그대로 보여주고 있다. 위의
그림을 보면 왼쪽 사람은 바퀴에 올라가고 있다. 이는 인생의 여
름을 상징한다. 두 번째 사람은 바퀴의 정상에 앉아 있는 것으로

포르투나 여신이 풍요의 뿔을
들고 구 위에서 균형을 잡고 있다.

보아 인생의 절정기를 말하고 있다. 계절로 치면 풍성한 수확의
계절인 가을이다.

하지만 우리네 인생은 정상에 오래 머물러 있을 수가 없다. 인
생의 수레바퀴는 계속 돌아 오른쪽 사람은 인생의 겨울을 지나고
있다. 그리고 맨 아래에 깔린 인간은 다시 부활을 꿈꾸는 인생의
봄을 상징한다. 이렇듯 운명의 수레바퀴는 인간의 운명은 돌고 돈
다는 평범한 진리를 말하고 있다.

Animum	**fortuna**	**sequitur**
아니뭄	포르투나	세쿠이투르
용기를	행운은	뒤따른다

Animus는 정신, 영혼, 용기 등으로 번역할 수 있는데 -us로 끝

나는 2군 남성 명사이고, 앞에서 나온 Amicus와 같은 유형이다. 이 문장에서는 목적어로 사용된 대격이다. Fortuna는 대표적인 여성 명사형이고 격은 주격이다. 여기에서 조금 신경을 써야 할 동사는 sequitur이다. 앞에서 소개한 **cernitur**(구분되다)에서 본 것처럼 -tur로 어미가 끝나면 동사는 현재 수동태에 해당된다. 하지만 이 sequor 동사의 3인칭 단수인 sequitur는 형태만 수동태처럼 보일뿐 능동의 의미를 가진 동사이다.

인칭	현재 활용형
Ego 나	sequor
Tu 너	sequeris
is 그	**sequitur**
nos 우리	sequimur
vos 너희	sequimini
ii 그들	sequuntur

운은 유리다,
반짝 빛날 때 깨진다

~~~~~

Fortuna vitrea est ;
tum cum splendet frangitur

갈리아를 정복함으로써 카이사르의 인기는 로마 시민들 사이에서 하늘 높이 치솟았다. 그는 독재관^{Dictator}이 되어 로마 원로원을 사실상 장악한 것처럼 보였다. 이제 카이사르 앞에 남은 것은 황제의 자리뿐인 듯했다. 하지만 천운을 누렸던 카이사르의 운명도 하루아침에 끝나고 말았다. 양아들 브루투스 일당에 의해 원로원에서 암살당하고 만 것이다. 인생의 절정에 있던 카이사르에게 포르투나는 최악의 불행을 안겨주고 그를 떠났다.

인생의 행복과 불행이 종이의 양면처럼 뒤집으면 정반대가 되듯이 카이사르를 암살한 공화파의 운명도 마찬가지였다. 처음에는 공화정을 위협하던 카이사르를 제거한 뒤 승리에 도취했지만

47

〈카이사르의 죽음Death of Caesar〉

빈첸초 카무치니Vincenzo Camuccini, 1798년, 나폴리 카포디몬테 미술관

민심은 그들에게 등을 돌렸다. 결국 암살 주모자들은 야반도주하였고, 모두 죽임을 당하거나 자살로 생을 마감하였다. 운이 빛나는 시간은 찰나에 불과하다는 진리를 역사는 그대로 보여주고 있다.

노르망디 공 윌리엄(훗날 영국의 윌리엄 1세)의 인생은 파란만장의 연속이었다. 서자로 태어나 죽을 고비를 넘긴 소년 윌리엄은 제후들의 반란을 모두 제압한 다음 영국까지 정복하여 20년 이상 영국을 통치한 왕이다. 그는 만복을 다 누린 듯 보였다. 하지만 말년에 윌리엄에게도 불행이 찾아왔으니 다름 아닌 자식들로부터였다. 심지어 한 아들은 그에게 칼을 겨누기까지 했다.

한 인간에게 행운과 불행은 이렇게 함께 찾아오는 법이다. "행운과 불행은 이웃이다"라는 독일 속담처럼 말이다.

Fortuna	**vitrea**	**est ;**	
포르투나	비트레아	에스트	
운은	유리	~이다	
tum	**cum**	**splendet**	**frangitur**
툼	쿰	스프렌데트	프란기투르
그때	~할 때	빛나다	깨지다

이 라틴어 경구는 프블리우스 시루스의 《금언집》에 나오는 말이다. '빛나다'라는 동사 spendet는 spendere 동사(부록의 동사 활용표 **2**)의 3인칭 단수이고 2군 동사에 속한다. 마지막에 놓은 frangitur는 이미 앞에서 봤던 현재 수동형 3인칭 어미인 -itur가 붙어 있는 것으로 보아 원형은 frangere(**3**)로 짐작할 수 있고, 형태는 수동태이다.

아무도 모든 것을
다 알 수는 없다

~~~~

Nemo enim potest omnia scire

지식을 향한 인간의 욕구는 인류 문명이 발달하는 데에 원동력이 되었다. 철학을 학문의 꽃으로 생각한 고대 그리스인들과 실용적인 법률을 학문으로 완성시킨 로마인들은 서양인들의 사고에 주춧돌을 놓은 장본인들이다. 하지만 인간이 모든 것을 알 수는 없다. 영어의 omniscient는 '모든'을 뜻하는 라틴어 omni와 '지혜'를 의미하는 scientia로 이루어진 말인데, 전지전능한 신 같은 존재를 가리킨다.

하지만 이런 신은 기독교에서 말하는 신의 모습이다. 그리스 신화에 등장하는 신들은 인간적인 모습들이 많다. 으뜸 신 제우스만 하더라도 헤라의 눈을 피해 수 없이 바람을 피웠고, 자기보다 뛰어난 자식이 나온다는 신탁을 듣고는 사랑까지 포기한 소심한 신이다.

그렇다고 인간이 제우스 같은 신이 될 수 있다는 의미는 아니다. 올림포스 신들의 음식을 훔쳐온 탄탈로스는 평생 먹지도, 마시지도 못하는 형벌을 받지 않았던가? 신의 흉내를 내려는 인간의 말로는 이렇듯 비참하다.

오늘은 인간이 신이 될 수 없다는 진리를 라틴어 경구를 통해 공부해보자.

Nemo	**enim**	**potest**	**omnia**	**scire**
네모	에님	포테스트	옴니아	스키레
아무도	실제로	~할 수 있다	모든 것을	알다

격	생물	무생물
주격	**nemo**	nihil/nil
소유격	nullius	nullius/rei
여격	nemini	nulli/rei
대격	neminem	nihil/nil
탈격	nullo	nulla/re

라틴어의 대명사 중에서 nemo는 영어로 nobody를, nihil은 nothing을 가리킨다. 그러므로 이 문장에서 nemo는 위의 표를 보면 주격이고 부정문의 주어이다. Omnia는 중성 복수 대격을 가리키므로(부록 ⓐ-5) '모든 것을'이라고 해석한다.

여러 개의 영화를 묶어서 편집한 영화를 옴니버스^{Omnibus}라고 부르는데 앞의 표에서 그 형태를 찾을 수 있다. 본문에 나오는 omnia는 중성 형태의 복수 대격임을 알 수 있다. 문장의 마지막에 나오는 동사는 '알다'라는 뜻의 scire인데, 이 동사는 원형을 하고 있다. 그 이유는 조동사 Possum(영어의 can) 동사 다음에 본동사는 영어처럼 원형을 사용해야 한다. Possum은 1인칭 단수이고, 원형은 sum이 esse가 되듯이 posse가 된다. 본문에 나온 potest는 he can의 의미이다.

19세기 프랑스의 작가 쥘 베른Jules Verne의 공상과학소설《해저 2만 리》에는 반영웅Antihero이 한 명 등장한다. 그의 이름은 네모Nemo인데, 잠수함 노틸러스Nautilus(라틴어로 nauta는 선원)를 타고 특정 국가의 배를 공격하며 복수를 한다. 하지만 그가 왜 복수의 화신이 되었는지 작가는 밝히지 않고 있다. 혹자는 19세기 말 유럽을 광풍에 몰아넣었던 제국주의나 현대 문명에 대한 복수라고 말하기도 하지만, 그의 정체는 소설 속에서 베일에 싸여 있다. 그래서 그의 이름은 영어로 Nobody를 의미하는 라틴어 Nemo가 되었는지 모른다. 주인공과 반대편에 있는 반영웅의 이름에 네모보다 더 어울리는 이름이 있을까?

건전한 신체에
건전한 정신

~~~~

Mens sana in corpore sano

이 경구는 흔히 '강한 신체가 건전한 정신을 만든다'라는 뜻으로 자주 사용된다. 이 말은 체육 교관들이 신병들을 훈련시킬 때 사용하는 말로 알려져 있다. 그런 까닭에 우리 주변에는 이 말을 "공부 안 해도 좋다, 튼튼하게만 자라다오!"라고 확대 해석하는 사람도 있다. 그런데 이 말을 한 로마 시인 유베날리스Iuvenalis는 이런 의도로 이 말을 한 것이 아니다. 우리가 흔히 사용하는 격언의 원문은 "건전한 육체에 건전한 정신까지 깃들면 바람직할 것이다"라는 의미이다.

고대 로마에는 검투극이 크게 유행했다. 이 경기의 주인공들은 검투사Gladiator였는데 그들은 대개 노예나 전쟁 포로 출신들이었다.

그들은 매일같이 훈련을 하며 몸을 강철처럼 만들었다. 그러다 보니 그들에게서 고결한 영혼을 발견하기란 하늘의 별을 따는 것처럼 어려워 보였다. 시인 유베날리스는 검투사를 보면서 혀를 차며 이렇게 말했다.

"저렇게 멋진 몸을 가진 자들이 영혼까지 맑았다면…."

현대인들이 외모에만 신경 쓰는 것과 크게 달라 보이지 않는다.

한편 검투극의 잔혹성에 열광하던 로마 시민들은 점점 더 폭력에 무뎌져 갔다. 결국 서기 3세기 말에는 로마뿐만 아니라 제국의 모든 도시에 '막장 검투극'이 자리를 잡았다.

'무네라 시네 미시오네Munera sine missione'라고 불렸던 이 검투극은 '한 명도 (산 채로) 돌려보내지 않는 경기'라는 뜻이다. 이 경기는 한 명이 상대방을 쓰러뜨리면 또 다른 검투사가 아레나로 들어와 결투를 벌인다. 결국 검투사들이 모두 죽을 때까지 싸우는 잔인한 경기 방식이다.

여기에서 소개한 격언은 검투사들에 관한 것인데, 라틴어 문장에 사용된 단어들을 하나씩 풀어보자.

Mens	sana	in	corpore	sano
멘스	사나	인	코르포레	사노
정신은	건전한	~에	육체	건전한

먼저 '정신'을 의미하는 mens를 보자. 이 명사는 3군 여성 명사인데 위의 표처럼 곡용을 한다. 오늘 사용된 형태는 주격 단수인 것을 알 수 있다. '건전한'이라는 형용사 sanus는 남성형 sanus, 여

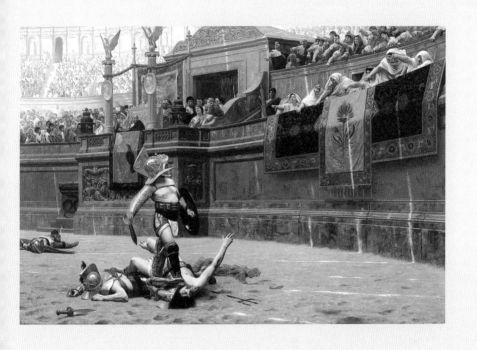

〈엄지를 아래로Pollice Verso〉

장 레옹 제롬Jean-Léon Gérôme, 1872년, 피닉스 예술 박물관

Pollice는 '엄지손가락' pollex의 탈격이므로 '엄지손가락으로'라는 뜻이고, verso는
'뒤집힌'이란 뜻이다. 즉 엄지손가락을 땅으로 향하며 검투사를 죽이라는 손가락
제스처이다. 그림 속의 검투사는 칼과 투구 그리고 방패를 들고 싸우는 무르밀로
Murmillo이다.

격	단수	복수
주격	**mens**	mentes
소유격	mentis	mentium
여격	menti	mentibus
대격	mentem	mentes
탈격	mente	mentibus

격	단수	복수
주격	corpus	corpora
소유격	corporis	corporum
여격	corpori	corporibus
대격	corporem	corpora
탈격	**corpore**	corporibus

성형 sana 그리고 중성형 sanum이 있다. 본문에서는 mens가 여성 명사이므로 여성형 sana가 나왔다.

두 번째 명사는 '육체'를 의미하는 corpus인데 이 명사는 '-us'로 끝나는 남성 명사 amicus와 전혀 다른 3군 곡용에 속한다는 사실에 주의하자(부록 ❸-2). 이 명사는 중성 명사이므로 '건전한'이라는 형용사 sanus는 중성형 sanum을 취하고 명사의 뒤에 놓인다. 영어와 다르게 형용사가 뒤에 오는 라틴어의 특성 때문이다.

중간에 보이는 전치사 in은 탈격인 5격을 지배하므로 corpore가 in 다음에 온다. 마지막으로 corpore 역시 탈격이므로 형용사도 일치시켜 sano가 된다. 형용사 sanus의 곡용은 앞에서 소개한 명사 amicus처럼 곡용을 한다.

문학이 없는 여가는 죽음이고
살아 있는 인간에게는 무덤이다

~~~~

Otium sine litteris mors est
et hominis vivi sepultura

문학은 우리에게 무엇을 주는가? 법학은 사회 구성원이 정한 규범의 적용을 알게 해주며, 의학은 인간의 목숨을 구해준다. 하지만 문학은 어디에 써먹을 수 있을까? 특히 실용적인 학문을 중시하고 군사 강국을 추구했던 고대 로마에서 문학의 위상은 어떠했을까? 신화도 넓게 보면 문학의 영역에 들어가므로 신화의 용도에 대해 설명한 저명한 학자의 견해를 들어보자.

루마니아 출신의 비교종교학자인 미르체아 엘리아데^{Mircea Eliade}는 신화가 우리 인간에게 무엇을 가르쳐주는지 설명해준다. 그는 신화를 안다는 것은 사물들의 기원에 대한 비밀을 배우는 것이라고 말한다. 다시 말해서, 사람들은 신화를 통해 사물들이 어떻게

로마인들은 이런 빌라에서 오티움을 즐겼다.
사진은 현대식으로 재현한 미국의 게티 빌라 Getty Villa의 모습이다.

존재하게 되었는지 알게 될 뿐만 아니라, 그 사물들을 어디에서 찾을 것인지, 그리고 그것들이 사라졌을 경우 다시 나타나게 하려면 어떻게 해야 하는지 알게 된다고 설명했다. 현대인들이 신화에 많은 관심을 두는 이유도 사라지고 있는 것들에 대한 답을 신화에서 찾을 수 있다고 생각하기 때문일지도 모른다.

이 경구는 공화정 시대의 웅변가이자 정치인인 키케로가 한 말이다. 이 문장의 주제어는 '여가'라고 번역할 수 있는 otium(오티움)이다. 오티움은 다소 추상적인 개념의 말인데 고대 로마인들이 즐겼던 여가를 총칭하는 말이다. 로마 시민들은 사진 속에 보이는 야외 공간에서 먹고, 마시고, 명상에 잠겼다고 한다. 키케로는 오티움의 시간을 보낼 때 문학, 즉 독서가 없는 오티움은 여가가 아니라고 단언한다.

Otium에 부정을 의미하는 nec가 붙으면 '여가'에서 '비지니스'를 의미하는 negotium(네고티움)이 된다. 현대 영어에는 '협상'이라는 말로 negotiation이 남아 있는데, 본래 그 뜻은 '여가'에서 벗어나 '비지니스'를 한다는 말이다.

오티움과 네고티움을 잘 비교하여 말해주는 경구도 있다.

오티움을 잘 활용하지 않는 자는 자신에게 주어진 일보다 더 많은 일을 한다.

이 말은 여가를 잘 보내는 사람이 일도 열심히 한다는 말일 것이다. 키케로의 라틴어 원문을 살펴보자.

Otium	sine	litteris	mors	est
오티움	시네	리테리스	모르스	에스트
여가	~없이	문학	죽음	~이다

et	hominis	vivi	sepultura
에트	호미니스	비비	세풀투라
그리고	인간에게	살아 있는	무덤

　　Otium은 앞에서 설명한 단어이고 격은 주격이다. Litteris는 '글자'를 의미하는 littera의 복수 대격인데, 복수가 되면 문학을 뜻한다. Mors(소유격은 mortis, 부록 ❸-1)는 '죽음'을 의미한다. 마지막 세 단어 hominis vivi sepultura의 의미를 풀어보면 '살아 있는 인간의 무덤'이 되는데, 그런 뜻이 되기 위해서 hominis는 '인간'을 의미하는 homo의 단수 소유격(❸-1), vivi는 '살아 있는' vivus의 소유격이고, '무덤'을 의미하는 sepultura는 주격 여성 명사형이다.

취중진담

~~~

Veritas in vino

그리스 신화에서 헤라클레스와 쌍벽을 이루는 테세우스의 탄생 신화는 자못 흥미롭다. 아테네의 왕인 아이게우스는 아내로부터 아들이 없었다. 어느 날 아이게우스는 신탁을 듣기 위해 델포이를 찾았다. 그는 "아테네로 돌아갈 때까지 가죽 주머니를 풀지 마라"라는 신탁을 듣는다. 도대체 이 신탁은 무엇을 말하는 것일까?

아이게우스는 아테네로 돌아오는 길에 트로이젠 Troizen이라는 나라에 들렀다. 그곳은 피테우스라는 현자가 다스리고 있었는데 그는 그 신탁을 금방 알아차렸다. 하지만 피테우스는 아이게우스에게 신탁의 뜻은 알려주지 않고 그에게 성대한 주연을 열어주었다. 그러곤 아이게우스가 술에 취하자 피테우스는 아이게우스의 방에 딸을 들여보냈다. 이렇게 태어난 영웅이 테세우스이다. 신탁에서 말한 가죽 주머니는 다름 아닌 술주머니였던 것이다. 신탁은 술을 조심하라는 것이었다.

우리말에 '취중진담'이라는 말이 있다. 술에 취한 상태에서 자신의 진실된 마음을 전한다는 뜻으로, 평소에는 하지 못한 말들을 술기운을 통해 하는 것이다. 고대 로마인들이 술에 대해 남긴 경구 가운데에도 이와 유사한 Veritas in vino, '포도주 속에 진리가 있다'라는 말이 있다.

심포지엄^{Symposium}이란 여러 명이 토론을 하는 공중토론의 형식으로 잘 알려져 있다. 이 말은 고대 그리스에서 유래했는데, 본래 '향연饗宴'을 의미했다. 향연이란 술을 마시고 즐기는 모임이 아닌가? 이처럼 고대 아테나에서는 여럿이 모여 함께 술을 마시고 술기운을 빌어 정치나 철학 또는 사랑에 대해 토론하기를 즐겼다.

여기에서 소개하는 라틴어 경구에서 veritas는 '진리'를 뜻하는 3군 곡용명사(부록 ❸-1)인데 '-tas'로 끝나는 명사들은 모두 여성 명사들이다.

격	단수	복수
주격	**veritas**	verites
소유격	veritatis	veritum
여격	veritati	veritibus
대격	veritatem	verites
탈격	veritate	veritibus

Veritas	**in**	**vino**
베리타스	인	비노
진리는	~안에	포도주

Veritas in vino에서 veritas는 주격이므로 '진리는'이라는 뜻이다. 전치사 in은 영어의 in과 그 뜻이 같다. 단 영어와의 차이가 있다면 라틴어 전치사는 특정 격만을 취한다는 점이다. 전치사 in은 탈격을 취할 때는 영어의 in과 at의 의미이지만, 대격을 취할 때는 방향성을 가진 into의 뜻이 된다. 이 경구에서 in은 장소와 위치를 나타내는 전치사이므로 탈격인 vino가 와야 한다.

여기에 한 가지 덧붙일 사실은 라틴어에는 영어처럼 정관사가 없다는 것이다. 명사 앞에 어떤 관사도 없지만 해석할 때는 관사가 있는 것처럼 해석할 수 있다. 이 경우에서 veritas를 영어로 옮기면 the truth이므로 이 문장에서 veritas는 정관사가 생략되어 있다고 보면 된다.

노래를 잘 부르면
두 번 기도하는 셈이다

~~~~

Qui bene cantat bis orat

저명한 중세학자 하위징가는 인간은 유희적 동물Homo Ludens, 호모 루덴스이라고 정의했다. 그에 따르면 인간의 모든 문화는 놀이에서 시작되었다. 종교, 전쟁, 철학, 예술 등이 모두 놀이에서 비롯되었으며, 그 속에는 자유와 절대적인 규칙이 있다고 주장한다.

노래도 놀이의 범주에서 벗어나지 않는다. 인간은 즐거울 때 노래를 부르면서 기쁨을 배가시키고, 슬플 때는 노래를 통해 슬픔을 나눈다. 호모 사피엔스Homo sapiens가 이성적인 인간이라면 호모 루덴스는 감성적인 인간을 말한다. 인간의 내면에 이 두 유형의 인간이 공존할 때에만 우리 인간은 완전한 즐거움을 누릴 수 있지 않을까?

종교에서 노래는 매우 중요한 역할을 한다. 초기 기독교 예배의식에서 노래가 차지하는 비중은 자못 컸는데 사도 바울은 시편과 찬송과를 함께 부르라는 지시를 받았다고 증언한다. 기독교의 교부 성 아우구스투스도 "노래는 사랑하는 사람들을 위한 것이다"라고 말했다.

여기에서 소개하는 격언은 기도와 노래와의 관계에 대해 말하고 있다.

Qui	bene	cantat	bis	orat
쿠이	베네	칸타트	비스	오라트
~사람	잘	노래하다	두 번	기도하다

처음에 나오는 관계대명사는 영어의 who에 해당하고 격은 주격 단수이다. Cantare는 '노래하다'라는 뜻이고, cantat는 '그가 노래한다'이다. Bis는 '두 번', 그리고 마지막에 나오는 동사는 '기도하다', '간청하다', '숭배하다'라는 뜻으로 사전을 찾아보면 'oro, orare, oravi, oratus'로 나와 있다.

로마의 정치인들은 태생적으로 웅변가들이었다. 시민들이 모여 있는 광장에서 연단에 선 원로원 의원이 정치적 웅변을 사자후처럼 토해내는 장면을 상상해보라. 웅변가 혹은 연설가들을 로마인들은 orator(오라토르)라고 불렀는데, oro에서 나온 말이다. 즉 타인에게 자기주장을 들어달라고 간청하는 사람을 말한다.

이밖에 로마의 정치 풍속도에서 노멘클라토르[Nomenclator]라는 특별한 노예도 빼놓을 수 없다. 라틴어로 노멘[Nomen]은 '이름'을 말하는데, 노멘클라토르라는 노예는 주인의 머릿속에 들어 있는 사람들의 이름을 암기하던 노예였다.

예를 들어 로마의 유력한 원로원 의원 발레리우스가 광장에 나갈 때 노멘클라토르를 대동하고 집을 나선다고 하자. 발레리우스는 거물 정치인답게 많은 사람들과 마주칠 것이다. 그때 노멘클라토르는 주인이 곧 마주칠 사람의 이름을 귀에 대고 재빨리 알려준다. 그러면 발레리우스는 "오! 클라우디우스, 오랜만일세"라고 인사말을 건넨다. 말하자면 노멘클라토르는 걸어다니는 스마트폰인 셈이다.

제2강

사랑받고 싶으면
사랑하라

사랑으로
불가능한 일은 없나니

~~~~

Amor vincit omnia

올림포스 신족 중에서 천하의 미인을 꼽으라면 단연 미의 여신 아프로디테일 것이다. 크로노스가 자신의 아버지 우라노스의 남근을 잘라 바다에 던지자 수면에 거품이 일면서 아프로디테가 태어났다. 생명의 근원이 바다를 만나 미의 여신이 태어난 것이다.

아프로디테에게는 아들이 하나 있었는데 그의 이름은 에로스이다. 사랑의 화살을 가지고 다니는 에로스는 두 종류의 화살을 가지고 다니는데, 그중 하나인 황금 화살을 맞은 사람은 처음 본 사람과 사랑에 빠지게 되고, 다른 하나인 납 화살을 맞은 사람은 상대방을 증오하게 된다. 사랑과 미움의 뿌리가 하나라는 유행가 가사처럼 신화는 지금도 현재 진행형이다.

그리스 신화에서 가장 비극적인 사랑을 꼽으라면 스미르나의 사랑일 것이다. 그녀의 어머니인 켄크레이스는 "우리 딸은 아프로디테보다도 아름답다"라고 말해 미의 여신 아프로디테의 노여움을 산다. 아프로디테는 에로스를 시켜 스미르나에게 황금 화살을 쏘아 그녀의 아버지 테이아스를 사랑하게 만들어 버린다. 결국 스미르나는 아버지의 아이를 낳았고, 그 아들이 바로 그리스 신화의 최고 미남 아도니스이다.

이제 스미르나가 아프로디테에게 복수할 차례가 되었다. 아프로디테가 아도니스에게 빠져 안절부절못하게 된 것이다.

그리스 신화를 수입한 로마인들은 에로스를 큐피도^{Cupido}라고 불렀고, 영어로는 큐피드^{Cupide}가 된다. 그런데 라틴어 시에서는 Amor(부록 ❸-1)가 큐피드를 가리킨다. 사랑의 신을 나타내는 아모르는 '사랑'이라는 명사가 되어 아모레^{Amore}(이태리어), 아무르^{Amour}(프랑스어), 아모르^{Amor}(스페인어) 같은 말로 주변국에 퍼졌다. 오늘 소개하는 Amor vincit omnia의 주인공이 바로 사랑을 의미하는 Amor이다.

Amor	vincit	omnia
아모르	윈키트	옴니아
사랑은	쟁취한다	모든 것을

라틴어에는 u가 없고 v만 있는데 v의 발음도 영어의 [w]와 비슷했다. 그러므로 vincit의 발음도 '빈키트'가 아니라 '윈키트'가 맞다. 동사 vincit를 사전에서 찾으면 vinco, vincere, vici, victus이다

16세기 스페인의 화가 발라스케스Velázquez의 비너스.
영국 로크바이Rokeby 공원 전시실에 걸려 있었다고 해서
로크바이 비너스Rokeby Venus라고 불린다.

(**3**). 승리의 여신 victoria의 이름은 '승리'라는 명사가 되는데, vincere 동사의 과거분사형 명사 victus에서 나온 말이다. 이 동사는 3군 동사이다.

인칭	현재 활용형
Ego 나	vinco
Tu 너	vincis
is 그	**vincit**
nos 우리	vincimus
vos 너희	vincitis
ii 그들	vincunt

사랑받고 싶으면
사랑하라

~~~~

Si vis amari ama

18세기를 풍미한 이탈리아의 모험가이자 문학가인 카사노바는 희대의 바람둥이로 잘 알려져 있는 인물이다. 후대에 그에 대한 평가는 부정적이었지만, 그가 남긴 글은 현대인에게도 공감을 준다. 그는 여성이 자신을 사랑하게 만드는 방법에 대해 자서전《불멸의 유혹》에서 이렇게 말하고 있다.

여성은 자신이 매우 사랑받고 있으며 매우 소중한 사람이라는 사실을 일깨워주는 사람과 사랑에 빠진다. 따라서 여성을 진심으로 사랑하고 그 여성이 얼마나 아름다운 존재인지 일깨워주고 소중하게 대해주기만 하면 모든 여성으로부터 사랑받을 수 있다.

결론은 "여성으로부터 사랑받고 싶으면 그 여성을 사랑하라"라는 말이다.

뛰어난 정치가이자 위대한 철인이었던 세네카도 이와 유사한 말을 했다. Si vis amari ama인데 번역하면 "사랑받고 싶으면 사랑하라"이다.

라틴어는 영어와 다르게 두 개의 동사 원형을 가지고 있다. 즉, 능동형의 원형과 수동형의 원형이 각각 존재한다. 영어의 예문을 통하여 라틴어의 능동태와 수동태 원형을 설명해보자. 영어의 want에 해당하는 동사 Velle는 조금 특이한 활용을 한다. Velle 동사 다음에 동사 원형이 올 수 있다.

먼저 영어에서 2개의 원형이 들어간 문장을 만들어보자.

He wants to **love** his own people.
He wants to **be loved** by his own people.

첫 번째 문장은 능동의 원형이고, 두 번째는 수동의 원형이다. 이 문장을 라틴어로 옮기면 다음과 같다.

Vult **amare** populum suum
그는 자신의 국민들을 사랑하고 싶어한다.

Vult **amari** populo suo
그는 자신의 국민들로부터 사랑받고 싶어한다.

라틴어 번역문에서 vult는 he wants이다. 이 동사는 동사 원형을 취하는데 능동형은 amare이고 수동형은 amari이다. 영어는 수동형을 'be loved'로 표현하고 있다. Populum suum은 직접 목적어인 대격이고, populo suo는 5격인 탈격인데 'by his own people'로 번역할 수 있다. 이때에 탈격은 수동문의 행위자 역할을 한다. 라틴어의 소유 형용사는 meus(나의), tuus(너의), suus(그의)로 인칭마다 변하는데 그 곡용은 bellus, bella, bellum과 동일하다(부록 ⓐ-1). 여기서 소개한 세네카의 문장에 바로 수동 원형이 나온다.

Si	**vis**	**amari**	**ama**
시	비스	아마리	아마
만약	(너가) 원하다	사랑받다	사랑해라

인칭	현재 활용형
Ego 나	volo
Tu 너	**vis**
is 그	vult
nos 우리	volumus
vos 너희	vultis
ii 그들	volunt

원문을 영어로 옮기면 'If you want to be loved, love' 즉 '사랑받고 싶으면 사랑해라'가 된다. 사랑을 줄 수 있는 사람이 사랑을 받을 수 있다는 평범한 진리를 세네카는 말하고 있다.

나에게
천 번의 입맞춤을 주세요

~~~~

Da mihi mutla basia

〈베사메무초Besa me mucho〉라는 유명한 스페인 노래가 있다. Besa
는 입맞춤을 뜻하고, me는 나에게, mucho는 영어로 much라는
의미이다. 이를 우리말로 번역하면 '나에게 많은 입맞춤을 해주
오' 정도가 될 것이다.

이 표현은 멀리 로마의 카툴루스Catullus라는 시인의 시에서 따
왔다. 연애시의 대가로 알려진 카툴루스의 시에 다음과 같은 구절
이 나온다.

> 나의 레스비아여! 우리 함께 살며 사랑해요,
> 고루한 노인들의 소문 따윈 무시해 버려요.

한 푼의 가치도 나가지 않는 소리잖아요.

태양은 어제도 그리고 오늘도 다시 뜨고 질 거예요.

그러나 순간을 비추는 그 빛이 사라지면

우리에게는 영원한 밤과 어둠만이 남아요.

그러니 내게 천 번의 키스를 해줘요.

그리고 다시 백 번을 더 해줘요.

우리가 함께 한 수천 번의 키스를 훔쳐 본 자가 있거든

세어보라고 하지요.

세다가 세다가 우리를 질투하는 것을 잊어버리고 말 거예요.

이 시에 나오는 유명한 구절은 '내게 천 번의 키스를 해줘요'라는 구절이다. 라틴어 원전을 옮겨 보면 'da mi basia mille'인데 da는 dare 동사(주다)의 2인칭 명령형이고, 키스를 의미하는 basia는 중성 명사 basium(부록 ❷-4)의 대격, 즉 복수 목적어이다. 그리고 mi는 '나에게'를 의미하는 mihi와 같은 말이고, mille는 '천 번의'라는 뜻이다. 즉 나에게 천 번의 키스를 해달라는 말이니 천 번의 키스도 모자라 백 번의 키스를 더 해달라는 시인의 마음을 사로잡은 레스비아란 여인은 도대체 어떤 여인이었을까?

Da	**mihi**	**mutla**	**basia**
다	미히	물타	바시아
쥐라	나에게	많은	입맞춤들을

원전에서 이 시구 다음에 이어지는 시구를 보자.

〈레스비아 Lesbia〉

존 레인하드 웨그린 John Reinhard Weguelin, 1878년

dein mille altera, dein secunda centum

그리고 또다시 천 번의 입맞춤을, 그리고 또다시 백 번을

Mille은 천 번, centum은 백 번, 그리고 altera는 '다른'을 의미하는 중성 형용사 alterum의 복수 대격이다(부록 ⓐ-2). Basium이 중성 명사이기 때문이다. 과연 카툴루스는 로마의 최고 연애 시인답다.

사비디, 나는 너를 사랑하지 않아, 그 이유를 말할 수는 없어

~~~~

Non amo te, Sabidi,
nec possum dicere quare

오늘은 서기 1세기경에 살았던 로마 시인의 시구를 소개해보자. 시인의 이름은 마르쿠스 발레리우스 마르티알리스Marcus Valerius Martialis인데 영어권에는 마샬Martial로 알려져 있다. 그는 《풍자시Epigrams》를 펴낸 작가로도 유명하다. 그는 2행시를 무려 1,235개나 지었는데, 시인은 짧은 2행시를 통하여 자신이 살았던 1세기 로마인들이 어떻게 살았는지를 잘 보여주고 있다.

그렇다면 사랑에 관한 마르티알리스의 2행시는 어떠할까?

사비디, 나는 너를 사랑하지 않아, 그 이유를 말할 수는 없어
하지만 이것만은 말할 수 있어: 너를 사랑하지 않는다고

이 시의 해석을 살펴보자.

Non	**amo**	**te**	**Sabidi,**
논	아모	테	사비디
~아니다	사랑하다	너를	사비디

nec[*]	**possum**[**]	**dicere**	**quare**
네크	포숨	디케레	쿠아레
~없다	할 수 있다	말하다	왜

Hoc	**tantum**	**possum**	**dicere**[***] :
호크	탄툼	포숨	디케레
이것을	단지	~할 수 있다	말하다

non	**amo**	**te**
논	아모	테
~아니다	사랑하다	너를

이 시와 관련하여 재미있는 에피소드가 있다. 17세기 영국 옥스퍼드의 크리스트 처치 칼리지Christ Church College의 교장 펠Fell은 한 학생에게 마르티알리스의 이 유명한 2행시를 번역해오라고 숙제를 냈다. 그러자 톰 브라운Tom Brown이라는 학생은 다음과 같이 번역했다. 그의 총명함을 엿볼 수 있는 부분이다.

- 　nec: 부정의 뜻을 가진 접속사(영어의 nor)
- 　possum: '~할 수 있다'의 조동사. esse처럼 posse가 원형이고 esse 동사가 어미 활용이 동일하다. 뒤에는 본동사 원형이 따라온다.
- 　dicre: 말하다(영어의 say; dico, dicere, dixi, dictus, ③)

I do not love thee[•], Dr Fell,

The reason why I cannot tell;

But this I know, and know full well,

I do not love thee, Dr Fell.

나는 당신을 좋아하지 않아요 펠 박사님,

왜 그런지 그 이유를 말할 수는 없어요;

하지만 이것은 분명하죠

펠박사 당신을 좋아하지 않는다는 사실은.

나는 새 노래들을
처녀들과 청년들에게 불러준다

~~~~

Carmina nova virginibus puerisque canto

1875년 3월 3일, 조르주 비제의 오페라 〈카르멘Carmen〉이 파리 오페라 코미크 극장에서 초연되었다. 공연을 감상한 음악가들과 평론가들은 찬사를 쏟아냈지만 관객들의 반응은 시큰둥했다. 보통의 이탈리아 오페라에 나오는 청순가련형 여주인공과는 너무나도 다른 여주인공이 등장했기 때문이다.

여주인공 카르멘은 스페인의 안달루시아 출신의 집시이다. 빅토르 위고의《노트르담 드 파리Notre Dame de Paris》에 나오는 여주인공 에스메랄다의 고향도 안달루시아이다. 중세부터 스페인의 안달루시아 지방에는 집시들이 정착하여 살았는데, 유럽의 예술가들에게 집시들은 자유분방한 삶을 사는 사람들로 보였던 모양이다. 〈카르멘〉 역시 집시 여인을 주인공으로 등장시키고 있다. 〈카르멘〉은 프랑스의 소설가 프로스페르 메리메Prosper Mérimée의 소설을 비제가 오페라로 옮긴 작품이다.

남자 주인공인 돈 호세는 스페인 바스크 태생으로 기병대 하사로 근무하고, 카르멘은 세비야의 담배 공장에서 일하는 집시 여자이다. 호세는 공장에서 일하고 있던 카르멘을 보고 첫눈에 반해 사랑에 빠진다. 하지만 천성이 자유로운 카르멘은 호세를 두고도 이 남자 저 남자와 연애를 하며 그의 애간장을 태운다. 호세는 카르멘에 대한 집착으로 카르멘의 정부 가르시아와 결투를 벌이고 그를 쓰러트린다. 하지만 카르멘은 그런 호세를 버리고 여전히 또 다른 사랑을 좇는다.

고향에서 어머니의 장례를 치르고 돌아온 호세는 카르멘에게 제발 멀리 떠나서 새로운 인생을 살자고 애원한다. 하지만 카르멘은 그런 호세를 비웃으며 냉정하게 거절한다. 분노한 호세는 그 자리에서 카르멘을 칼로 찌르고 자유로운 인생을 꿈꾸던 카르멘은 죽음을 맞이한다.

오페라의 압권은 카르멘이 부르는 〈하바네라Havanera〉라는 노래이다. 그녀는 매혹적인 목소리로 남자들을 유혹한다. 그녀의 사랑이 치명적이라는 것을 알고 있던 남자들도 그녀 앞에서는 속수무책이다. Carmen은 라틴어로 '노래'라는 뜻이다. 원작자 메리메는 노래로 남자를 유혹하는 여인의 이름으로 '카르멘'만큼 좋은 말은 없다고 생각했을 것이다. 매혹적인 여인이 노래까지 잘 부르면 안 넘어갈 남자가 어디 있겠는가?

오늘 소개하는 라틴어에는 '노래'를 의미하는 Carmen(부록 ❸
-1)이 나온다.

Carmina
카르미나
노래들을

nova
노바
새로운

virginibus
비르기니부스
처녀들에게

puerisque
푸에리스쿠에
소년들에게

canto
칸토
나는 노래를 부른다

이 문장에 나오는 명사들(Carmen, Virgo)의 곡용은 아래와 같
다(Puer는 부록 곡용표 참조). 두 번째 단어 nova는 '새로운'이라는
형용사(novus, nova, novum)의 중성형인데, carmen이 중성 명사이
므로 nova 역시 복수 주격이 된다. 마지막의 동사 canto(나는 노래
한다)는 cantare 동사의 현재 1인칭 단수 형태이다. 끝으로
puerisque에서 que는 영어의 and에 해당된다. 즉 virginibus(❸-1)
et pueris(❷-2)와 같은 말이다.

격	단수	복수
주격	carmen	carmina
소유격	carminis	carminum
여격	carmini	carminibus
대격	carmen	**carmina**
탈격	carmine	carminibus

격	단수	복수
주격	virgo	virgines
소유격	virginis	virginum
여격	virgini	**virginibus**
대격	virginem	virgines
탈격	virgine	virginibus

사랑하는 사람들은
모두 싸우나니

~~~~

Militat omnis amans ,
et habet sua castra Cupido

《변신 이야기》를 통해 우리에게 아름다운 그리스 로마 신화를
들려준 로마의 위대한 시인 오비디우스^Ovidius는 《사랑^Amores》에
주옥 같은 시를 많이 썼다. 그는 사랑을 전쟁에 비유하며 이렇게
노래한다.

> 모든 연인들은 싸우네,
> 큐피드도 자신만의 병영이 있으니,
> 아티우스, 내 말을 믿게, 모든 연인들은 싸우나니.
> 전쟁에 적합한 나이라면 사랑에도 적합하네.
> 노인의 사랑은 추하듯이 노병도 전쟁에는 맞지 않네.

장군들이 병사들에게 용기를 요구하듯이
아름다운 소녀는 자신의 동반자를 찾네.
병사와 연인들은 밤에도 항상 깨어 있다네.
하나는 상대방을 자신의 방으로 이끌고
다른 한 명은 장군들의 방으로 발이 간다네.
병사가 쉬지 않고 전장을 누비듯이
연인들은 땅끝까지 애인을 따라가네.

오비디우스는 사랑을 전쟁에 비유하고 있다. 처음 만났을 때의 환희가 나중에는 증오로 변하여 싸우는 연인들처럼, 전쟁도 변덕스러운 정치가들의 놀이라는 점에서 사랑과 대동소이하다는 것이 시인의 설명이다.

영국 왕 헨리 8세는 이혼을 많이 했기로 유명하다. 그는 여섯 번 결혼하였는데 두 명의 아내는 이혼도 모자라서 참수형에 처했다. 첫 번째 참수형을 당한 왕비가 그 유명한 엘리자베스 1세의 생모 앤 불린이다. 젊은 앤의 사랑을 얻기 위해 종교까지 바꾸고 스페인 출신의 왕비마저 버렸던 헨리 8세는 그 여인을 간통죄를 뒤집어씌워 참수시켰다. 사랑과 증오는 그 뿌리가 같다는 말에 새삼 공감이 간다.

이 라틴어 문장은 시의 처음에 나오는 부분이다.

Militat	**omnis**	**amans,**	**et**
밀리타트	옴니스	아만스	에트
싸운다	각자는	사랑하는	그리고

habet	sua	castra	Cupido
하베트	수아	카스트라	쿠피도
가지고 있다	자신의	병영을	큐피드는

동사 militat의 사전적 정의는 '병사로서 복무한다'라는 뜻이지만 여기에서는 '싸우다'로 번역했다. Omnis(부록 ⓐ-5)는 '각자', '모두'라는 의미로 뜻은 복수이지만 단수로 받는다. 그리고 amans는 '사랑하다' amare의 현재 분사이므로 '사랑하는'으로 해석하면 된다. Habet는 '소유하다' habere(②)의 3인칭 단수 현재형이고, castra는 '군대'를 의미하는 2군 중성 명사 castrum의 복수 대격이다. 그리고 sua는 소유 형용사(그의) suus(ⓐ-6)의 중성 복수 대격이다.

사랑하라 그리고
네가 하고 싶은 것을 해라

~~~~~

Dilige et fac quod vis

기독교의 교리를 완성한 교부로 칭송받는 성 아우구스티누스^{Augustinus}(353~430년)의 청년 시절은 방황의 연속이었다. 그의 어머니 모니카^{Monica}는 독실한 기독교도였지만 아들인 아우구스티누스는 방탕한 젊은 시절을 보냈다. 그는 17세에 젊은 여인과 동거하여 자식을 두었고, 로마인들이 이교로 여겼던 마니교에 빠진 채 10여 년을 보내기도 했다.

독실한 기독교 신자였던 어머니 모니카는 아들의 방탕한 생활을 두고 끊임없이 기도했다. 그 기도는 무려 30년 동안 이어졌고, 결국 아우구스티누스는 33세에 회심^{回心}을 하고 기독교에 귀의한다. 어머니 모니카가 56세 때의 일이다. 이후 모니카는 고향으로 돌아가기 위해 도착한 오스티아 항구 근처에서 병을 얻어 세상을 떠난다. 아우구스티누스는 그의 《고백록》에서 이렇게 말하고 있다.

그동안 눈물로 나를 지켜주신 어머니는 내 시야에서 떠나셨지만, 나는 하느님의 시야 안에서 살게 될 것이다.

아우구스티누스는 인간의 참된 행복은 신을 사랑하는 그 자체에 있다고 말한다. 그리고 그 신은 우리 영혼에 내재하는 진리의 근원이라고 말한다.

성 아우구스티누스가 사랑을 강조하며 말한 라틴어 경구를 보자.

Dilige	**et**	**fac**	**quod**	**vis**
딜리게	에트	파크	쿠오드	비스
사랑하라	그리고	해라	~것을	네가 원하다

3군 동사인 diligere는 '사랑하다'라는 뜻이며, 단수 2인칭 형태인 diliges에서 s를 탈락시켜 명령법을 만들었다. 여기에서 말하는 사랑은 인간에 대한 신의 사랑을 말하며 앞에서 배운 amare는 에로스적인 사랑을 말한다. 두 번째 동사 fac(facio, facere, feci, factus)는 영어의 'make' 혹은 'do'에 해당하는 동사인데 5군 동사이다(부록 동사표 참조).

그런데 이 동사의 단수 2인칭 명령형은 faci가 아니라 face 또는 fac이다. 복수 2인칭 명령형은 facite가 된다. 마지막 단어인 vis는 volo^{원하다}의 2인칭 단수 형태이다. 그리고 quod는 영어의 what

에 해당한다. 즉 위의 문장을 영어로 옮기면 'Love and do what you want'가 된다.

신학자인 아우구스티누스는 "신을 사랑하라. 그리고 네가 원하는 것을 해라. 그러면 모든 것이 이루어질 것이다"라는 의미로 이 말을 했을 것이다. 그는 인간의 운명은 신의 손에 달려 있으므로 신을 사랑하면 신의 은총을 받게 된다고 역설하였다.

아우구스티누스가 한 말을 하나 더 살펴보자.

> 과거는 주님의 자비에 맡기고
> 현재는 주님의 사랑에
> 미래는 주님의 섭리에 맡겨라.

사랑하면서 동시에 현명하기란
신도 불가능하다

~~~~

Amare et sapere vix deo conceditur

사랑에 관한 격언 중에 다음과 같은 말이 영어에 있다.

Love is blind,

and yet some people believe in love at first sight.

사랑은 맹목적이다,

아직까지 몇몇 사람들은 첫눈에 반하는 사랑을 믿는다.

셰익스피어의 《베니스의 상인》에서 주인공 샤일록Shylock의 딸 제시카Jessica가 아버지를 배반하고 로렌조Lorenzo를 따라 도망갈 때 다음과 같이 말한다.

자, 이 보석함을 받으세요. 그만한 가치가 있어요. 밤이라 다행이
에요. 제 얼굴이 보이지 않을 테니까. 이렇게 변장한 꼴이 부끄러
워서 그래요. 하지만 사랑은 장님인가 봐요. 연인들의 눈에 그들
이 저지른 어리석은 짓이 보이지 않으니. 만약 보인다면 큐피드
조차도 낯이 붉어질 거예요. 이렇게 남장을 한 제 몰골을 보면.•

여기에서 사랑의 악동 큐피드의 얼굴이 붉어진다는 것은 사랑
의 신조차도 사랑에 눈이 먼 연인들의 행동을 보면 민망해질 것
이라는 뜻이다.

사랑에 눈이 머는 것은 신도 마찬가지이다. 그리스 신화에 나
오는 태양신 아폴론은 지성의 상징이다. 이러한 아폴론에게는 여
자가 없었는데, 하루는 아폴론에게 놀림을 당한 큐피드가 그에게
복수하기로 마음을 먹는다. 자신이 가진 두 개의 화살 중에서 납
화살을 아름다운 님프 다프네에게 쏘고, 아폴론에게는 황금의 화
살을 쏜다. 결국 다프네를 보자마자 눈이 먼 아폴론은 그녀에게
미친 듯이 달려가지만, 그럴수록 다프네는 아폴론으로부터 도망
을 간다.

아폴론의 손아귀에서 벗어날 수 없음을 감지한 다프네는 자신
의 아버지인 강의 신에게 아폴론으로부터 구해달라고 간청하여
월계수로 변한다. 그리스어로 월계수는 '다프니Δάφνη', 라틴어로는
'다프네Daphne'라고 부른다. 승리자에게 월계수 잎으로 만든 관을

• 《베니스의 상인》, 셰익스피어 전집 4권, 신정옥 옮김, 2010년, 전예원

〈아폴론과 다프네〉

지안 로렌조 베르니니Gian Lorenzo Bernini, 보르게세 미술관

씌워주는 것도 아폴론이 다프네를 기리기 위해 만든 전통이라고 한다. 신도 사랑에 눈이 멀면 보이는 것이 없나 보다.

고대 로마인들도 사랑의 불가항력을 다음과 같이 말하고 있다.

Amare	**et**	**sapere**
아마레	에트	사페레
사랑하다	그리고	알다
vix	**deo**	**conceditur**
빅스	데오	콘케디투르
어렵게	신에게	감내하다

이 문장의 첫머리에는 두 개의 동사가 나오는데 모두 원형이다. 영어에서는 "To see is to believe 백문이 불여일견"에서 보듯이 동사 원형이 주어가 될 때는 to가 앞에 붙는다. 하지만 라틴어에서는 amare 사랑하다와 sapere 이해하다(sapio, sapere, sapivi, 부록 **3**)에서 보듯이 다른 전치사가 필요하지 않다. Vix라는 부사는 '거의 ~하지 않게' 혹은 '어렵게'로 번역할 수 있다. Deo는 deus의 여격, 즉 '신에게'라는 의미로 사용되었다. 마지막에 나오는 동사는 '감내하다', '양보하다'라는 동사 concedere인데 -itur가 붙은 수동 현재 3인칭이다.

걱정하지 마세요. 좋은 일도 나쁜 일도
우리는 당신과 함께 견디어낼 테니까요

~~~~

Noli metuere,

una tecum bona mala tolerabimus

이 사랑의 대사는 테렌티우스Terentius(영어명 테렌스Terence) 희곡
작품《포르미오Phormio》에 나온다. 이 작품에는 두 명의 젊은이 페
드라와 안티포가 등장하는데 그들은 사촌간이다. 페드라와 안티
포는 하프연주자 팜필리아와 자유분방한 여인 파니움을 사랑하지
만 양가 부친들의 반대가 심하고, 가진 돈도 없어 결혼을 못 하는
처지다. 이때 식객 포르미오의 도움으로 이 젊은이들의 사랑이 이
루어진다는 내용이다.

이 작품에 나오는 페드라와 안티포는 요즘 우리 젊은 세대의
자화상과 닮아 있다. 2천 년이 지나도 사회 구조는 변하지 않은
것일까?

로마 시대의 지배층 귀족들을 파트로네스라고 불렀는데 '후원자'라는 뜻이다. 파트로네스는 돈이 없는 소시민들을 경제적으로 후원해주었다. 하지만 파트로네스로부터 도움을 받는 클리엔테스Clientes*도 원조에 대한 빚을 갚아야 했다. 파트로네스가 원로원 의원직에 출마하면 몸을 바쳐 선거 운동을 하거나 파트로네스 집안의 대소사를 챙겨야 했다. 세상에 공짜는 없는 법이다.

파트로네스를 지금의 사회에 대입해보면 자본주의 사회에서 돈과 권력을 가진 자들이며, 클리엔테스는 그들에게 종속되어 살아가는 소시민 계층이지 않을까?

Noli	**metuere,**	**una**	**tecum**
놀리	메투에레	우나	테쿰
~마라	두려워하다	함께	너와 함께
bona	**mala**	**tolerabimus**	
보나	말라	톨레라비무스	
좋은 일	나쁜 일	견디어낼 것이다	

오늘 소개한 라틴어 원전을 배워보자. Noli는 앞에서 배운 volo(원하다)의 부정 형태이다. Volo가 '내가 원하다'이면 nolo는 '나는 원하지 않는다'이다. 오늘 대사에 나온 noli는 2인칭 단수 명령형이므로 '~하지 마라'로 해석한다. 두 번째 단어 metuere는 '두려워하다'라는 3군 동사인데 noli가 조동사이므로 동사 원형이 와야 한다. Una는 부사로 '함께'라는 뜻이다. '하나'를 의미하는

• 현대 영어에서 '고객'을 의미하는 클라이언트Client가 이 말에서 나왔다.

unus의 여성형으로 착각하면 해석이 어려워진다. Tecum은 'te+cum'이므로 '너와 함께'가 된다. 마지막 동사 tolerabimus는 tolearare 동사의 미래 1인칭 복수 '우리는 견디어나갈 것이다'가 된다. 그 앞의 목적어 bona와 mala는 중성 대명사 bonum과 malum의 복수 대격이므로, 해석은 '좋은 일'과 '나쁜 일'로 하면 된다.

지혜가
모든 것을
이긴다

자연은 지혜의 씨앗을 줄 뿐,
지혜 자체를 주지 않는다

~~~~

Natura semina nobis scientiae debit,
scientiam non dedit

인간은 오래전부터 자연과 접촉하며 살아왔다. 숲을 거닐면서 철인들은 인생의 본질에 대하여 성찰했고, 그 성찰을 통하여 철학적인 사유를 할 수 있었다. 또한 자연은 인간에게 원기를 회복할 기회를 제공하며, 인간은 자연으로부터 나오는 기운을 창조적인 힘으로 받아들였다. 즉 자연은 인간이 창조 활동을 하는 데에 꼭 필요한 배경이다.

세네카는 "자연은 지혜의 씨앗을 줄 뿐, 지혜 자체를 주지 않는다"라고 말했다. 이 경구는 탈무드에 나오는 "물고기를 잡아주지 않고 물고기 잡는 법을 가르쳐 주어라"라는 말과 일맥상통할 것이다.

자연은 인간과 자연이 하나라는 보편적 진리를 우리에게 전해 준다. 하지만 현대 사회에서 인간은 자연이 주는 혜택을 받기만 할 뿐 선물로 받은 것을 자연에게 되돌려주지 않는다. 심지어 그런 자연을 파괴하기도 한다.

플라톤은 일찍이 지식을 지혜로 볼 수 없다고 했다. 인터넷 시대에 살면서 수많은 지식이 교류되고 있지만 진정한 지혜는 찾아보기 힘들다. 그 지혜의 씨는 자연에서 찾아야 한다는 것이 세네카의 생각일 것이다.

Natura	**semina**	**nobis**	**scientiae**
나투라	세미나	노비스	스키엔티아이
자연은	씨를	우리에게	지혜의
dedit,	**scientiam**	**non**	**dedit**
데디트	스키엔티암	논	데디트
주었다	지혜를	아니	주었다

Natura는 여성 명사로 자연을 의미하며 semina는 씨를 뜻하는 중성 명사 semen(소유격은 seminis)의 복수 대격, 즉 '씨들'이 된다(부록 ❸-1). Nobis는 '우리에게'이고 scientae와 scientam은 각각 '지혜의'와 '지혜를'로 해석할 수 있으므로 소유격과 대격이 된다. 끝으로 동사 dedit는 dare 동사(주다)의 완료 과거 단수 3인칭이다.

몰래 꾸짖고
공개적으로 칭찬하라

~~~~

Secrete amicos admone; lauda palam

기원전 1세기경에 활동한 푸브릴리우스 시루스^{Publilius Syus}는 로마의 작가이자 풍자 시인이었다. 본래 시리아 출신의 노예였던 시루스는 그의 총명함을 인정한 주인 덕분에 로마 시민이 될 수 있었다.

시루스의 《금언집^{Sententiae}》에는 고대 로마인들뿐만 아니라 현대인에게도 교훈을 주는 금언들이 많다. 그중에서 "몰래 꾸짖고 공개적으로 칭찬하라"는 금언은 현대인들도 공감하는 교훈적인 내용을 전하고 있다.

하지만 우리의 삶은 실제로 그렇지 않은 경우가 많다. 우리는 남에 대한 칭찬에는 인색하고 비난에는 익숙하다. 그래서 프랑스의 철학자 파스칼이 '남들로부터 칭찬을 바란다면 자신의 장점들을 늘어놓지 말라'고 말했던 것일까?

최근 연구에 따르면 인간의 뇌는 칭찬보다는 비난에 빠른 반응을 보인다고 한다. 실제로 실험 집단을 정하고 좋은 결과와 나쁜 결과가 나온 이야기를 읽게 한 다음 설문지를 돌렸더니, 좋은 일은 우연히 일어난 것이라는 반응을 보인 반면, 나쁜 결과는 의도적으로 만든 일이라는 반응을 보였다. 결국 인간의 뇌는 칭찬에는 둔감하고 비난에는 민감하다는 말이다.

하지만 석가모니는 칭찬과 비난이 모두 한 뿌리에서 나왔으므로 칭찬에도 휘둘리지 말고, 비난에도 휘둘리지 말아야 한다고 갈파했다.

시루스의 금언을 보자.

Secrete	amicos	admone;
세크레테	아미코스	아드모네
몰래	친구들을	경고하라
lauda	**palam**	
라우다	팔람	
칭찬하라	공개적으로	

먼저 secrete를 사전에서 찾아보면 '따로'라는 의미가 나온다. 이 말은 형용사 secretus, -a -um에서 왔는데, secretus의 뜻은 '떨어진', '특별한', '비밀의'이다. 이는 영어 secret의 어원이다.

두 번째 단어 amicos는 친구를 의미하는 amicus의 복수 대격, 즉 '친구들을'이란 뜻이다. 이 문장에서 amicos는 동사 admonere

(경고하다)의 직접 목적어이다. admonere와 같은 형태의 동사를 라틴어의 제2군 동사라고 부른다. 동사의 활용은 다음 표와 같다.

인칭	현재 활용형
Ego 나	admoneo
Tu 너	**admones**
is 그	admonet
nos 우리	admonemus
vos 너희	admonetis
ii 그들	admonent

본문에 나온 admone는 2인칭 단수 admones에서 s가 떨어진 형태인데, 이렇게 되면 앞에서 배운 festina처럼 단수 2인칭 명령형이 된다(부록 **2**). 즉 '너는 경고하다'에서 '경고하라'로 그 뜻이 바뀌게 된다.

그런데 이상한 점이 있다. 한국어에서는 누구에게 '경고하다'이므로 직접 목적어가 아닌 간접 목적어, 즉 여격이 맞는 것 같지만, 라틴어에서 admonere 동사는 직접 목적어를 취한다. 그러므로 본문의 amicos admone은 '친구들을 경고하라'가 아니라 '친구들에게 경고하라'로 번역해야 한다. 어순도 라틴어는 목적어가 동사 앞에 놓이는 경우가 일반적이다. 물론 admone amicos로 사용해도 문법적으로 혹은 의미적으로 전혀 문제될 것이 없다.

두 번째 문장에 나오는 동사 lauda의 원형은 laudare인데 뜻은 '칭찬하다'이고 1군 동사이다. laudare 동사는 어미가 -are로 끝나는 동사인데 본문에 나오는 형태는 2인칭 서술형 laudas에서 s가 탈락한 명령형이다. 그러므로 그 뜻은 '칭찬해라'가 된다. 마지막 단어 palam은 '공개적으로'라는 뜻이다.

한 배에 모든 것을
맡기지 마라

~~~~~

Uni navi ne committas omnia

영국에서 네덜란드를 방문한 한 식물애호가가 지인의 집을 찾아갔다. 그 집에서 식물애호가는 처음 보는 양파같이 생긴 식물을 발견하고 그 껍질을 벗겨 속을 열어보았다.

친구가 돌아오자 식물애호가가 물었다.

"이것이 무슨 양파죠?"

"데르 아이크 제독입니다."

"아, 그렇군요. 감사합니다."

애호가는 노트에 필기까지 해가며 계속 물었다.

"이게 네덜란드에 흔한 건가요?"

그러자 친구는 식물애호가의 목덜미를 잡고 "함께 행정관에게

가보면 압니다"라고 대답했다.

그 식물애호가는 금화 2천 개의 배상금을 지불할 때까지 채무자의 감옥에 갇히게 되었다.

'데르 아이크 제독'은 17세기 네덜란드에서 튤립 파동이 일어 났을 때 인기 있던 튤립의 이름이다. 당시 네덜란드는 황금 시기 였는데 넘치는 재화는 투자 대상, 아니 투기 대상을 찾고 있었고, 튤립이 바로 신선한 투자의 대상으로 급부상한 것이다. 튤립 파동 의 정점은 1637년 2월로 한 뿌리에 집 몇 채 값까지 폭등했다.

하지만 폭등이 있으면 폭락이 있는 법이다. 튤립을 사겠다고 나서는 사람이 더 이상 없는 시기가 온 것이다. 튤립에 온 재산을 털어 투자한 사람들은 하루아침에 빚쟁이가 되었다.

프랑스 속담 중에 "많은 계란을 한 바구니에 담지 마라"는 말이 있다. 행여나 바구니를 놓치게 되면 모든 계란이 깨지는 위험이 있으므로 나눠서 담으라는 뜻이다. 비슷한 의미로 라틴어 속담에 는 이런 말이 있다.

Uni	**navi**	**ne**
우니	나비	네
한	배에	~마라
committas	**omnia**	
코미타스	옴니아	
맡기다	모든 것을	

'배'를 의미하는 navi는 navis의 단수 여격이므로 '배에게'라고 해석하고, '하나'를 의미하는 uni는 남성 형용사 unus의 단수 여격

이다. 여기에서 한 가지 더 설명해야 할 것은 '~마라'의 의미를 가진 ne 다음의 committas이다. 이는 '함께 가져가다'라는 동사 committare의 접속법 2인칭 단수의 형태이다. 그리고 그 뜻은 '함께 가져가지 마라'라는 부정의 명령문이 된다. 접속법이란 희망과 거절 등 현실에서 일어나지 않은 행위를 표현하는 법인데 여기서는 다루지 않기로 하자.

여성 명사 navis는 3군 곡용명사(부록 ❸-3)인데 그 변화는 아래 표와 같고 본문에 나온 navi는 '배에'라는 단수 여격이다.

격	단수	복수
주격	navis	naves
소유격	navis	navium
여격	**navi**	navibus
대격	navem	naves
탈격	nave	navibus

이왕 줄 거 빨리 줘라

~~~~

Bis das si cito das

남에게 도움을 청할 때 상대방의 반응은 크게 두 가지로 갈린다. 상대방의 부탁을 듣자마자 바로 해주는 사람이 있고, 결국은 해줄 거면서 차일피일 미루다가 해주는 사람이 있다. 부탁한 사람의 입장에서 전자의 도움은 후자의 도움보다 몇 곱절 크게 느낄 것이다.

Bis das si cito das라는 경구를 직역해보면 "만약 네가 빨리 주면 너는 두 번 주는 것이다"라는 뜻이다. 즉 남에게 호의를 베풀 때 빨리 베풀면 가진 것의 두 배를 준다는 말이다. 내가 가진 것이 남에게는 큰 도움이 될 수 있고, 그것을 빨리 주면 받는 사람은 생각했던 것 이상으로 기뻐한다는 말일 것이다. 이와는 반대로 남에게 베풀 수 있는 사람이 인색하면 복을 받지 못하는 법이다.

성경의 잠언에는 "가난한 자를 멸시하는 자는 그를 지으신 주를 멸시하는 자요"라는 말이 나오는데, 톨스토이의 《사람은 무엇으로 사는가》에도 이 잠언과 유사한 이야기가 나온다. 각박한 현대 사회를 살아가는 우리에게 시사하는 바가 큰 글이다.

어느 초라한 농가에 배가 고픈 나그네가 찾아 왔다. 그 집에는 먹을 것이 많았지만 욕심이 많은 농부의 아내는 배고픈 나그네에게 썩어가는 마늘 줄기 하나를 던져주었다. 나그네는 마늘 줄기를 먹고 허기를 채웠다. 세월이 흐른 뒤 농부의 아내가 죽어 천사를 만났다. 그녀는 천사에게 천국으로 데려가 달라고 부탁하였다. 그러자 천사는 썩은 마늘 줄기 하나를 건네며 이 줄기를 잡고 자기를 따라오라고 말했다. 하지만 천국에 오르기 전에 마늘 줄기는 끊어져서 농부의 아내는 지옥으로 떨어지고 말았다.

톨스토이는 이 단편집에서 세 가지 질문을 던지고 있다. 사람의 마음속에는 사랑이 있고, 사람에게 허락되지 않는 것은 죽음이며, 사람은 주위의 사랑으로 산다고 말하고 있다. 오늘 소개하는 경구에서 '이왕 줄 것'은 어찌 보면 각자가 마음속에 가지고 있는 사랑일 것이다. 사랑은 주는 것이라고 말하는 이유가 여기에 있는 것 같다.

오늘 경구에 나오는 동사는 영어의 give에 해당하는 dare 동사(1군 동사)인데 영어에서 '기증'을 의미하는 donation이 이 말에서 나왔다.

Bis	**das**	**si**	**cito**	**das**
비스	다스	시	키토	다스
두 번	준다(네가)	만약	빨리	준다(네가)

어느 항구를 향해 가는지도 모르는 자에게
순풍은 불지 않는다

~~~~

Ignoranti quem portum petat,
nullus ventus est

인생에서 성공한 사람들의 공통점은 자신이 가야 할 목표점을 정확히 알고 있었다는 것이다. 하지만 그 이면에는 약간의 행운이 그들을 도와준 경우도 심심치 않게 발견된다.

마이크로소프트의 빌 게이츠가 그런 경우이다. 유복한 가정에서 태어난 그는 기업에서도 컴퓨터를 사용하기 힘들었던 1960년대에 가정에서 컴퓨터를 접했다. 당시 컴퓨터계의 공룡 IBM은 PC를 작동하게 하는 소프트웨어 제조회사를 물색 중이었다. 빌 게이츠의 경쟁회사는 IBM의 제안을 거부했고, 빌 게이츠에게 행운이 찾아왔다. 그는 다른 회사의 운영소프트웨어를 사들여 IBM과 정식 계약을 한다. 이후 마이크로소프트는 날개를 달아 PC의 운영체계를 석권하고, IBM도 마이크로소프트에게 업계 1위 자리를 내주고 말았다.

라듐을 발견한 공로로 물리학과 화학에서 노벨상을 받은 퀴리 부인은 입지전적인 인물이다. 그녀는 바르샤바대학에 들어가 공부하고 싶었지만 현실은 그렇지 않았다. 바르샤바대학은 여학생을 받아주지 않았기 때문이다. 하지만 그녀는 포기하지 않고 때를 기다렸다. 3년간의 가정교사 생활을 마치자 마침내 그녀에게 순풍이 불어왔다. 파리의 소르본느대학에 유학을 갈 수 있게 된 것이다. 그리고 그곳에서 평생의 반려자이자 동료인 피에르 퀴리를 만나 결혼한다. 그녀에게 두 번째 순풍이 분 것이다. 이후 퀴리 부인은 소르본느대학 최초의 여성 교수가 되어 후학을 양성한다.

그런데 노벨상을 두 번이나 수상한 그녀를 보수적인 성향이 강한 아카데미 프랑세즈는 회원으로 받아주지 않았다. 그녀가 폴란드 출신이었기 때문이다. 하지만 퀴리 부인은 아카데미 프랑세즈의 편협함을 인류에 대한 사랑으로 용서하였다. 라듐 추출과 관련된 특허를 포기하고 모든 연구 결과를 인류에 기증한 것이다. 퀴리 부인은 자신에게 불어온 세 번째 순풍을 인류에게 바치고 세상을 떠났다.

오늘 배우는 라틴어 경구는 세네카의 말로 빌 게이츠나 퀴리 부인처럼 성공한 사람에게 어떻게 기회가 찾아오는지 그 길을 알려주는 경구이다.

Ignoranti	quem	portum	petat,
이그로란티	쿠엠	포르툼	페타트
모르는 사람에게	어떤	항구를	가야 할지

nullus	ventus	est
눌루스	벤투스	에스트
no	바람	~이다

Ingoranti는 '무지한'을 의미하는 형용사 ignorans의 3격, 즉 여격이다. 해석은 '무지한 사람에게'가 된다. 아래 표는 관계 대명사 또는 형용사(영어의 which)의 곡용표인데, 본문에는 남성 명사 portus가 목적어로 사용되었으므로 남성 단수형 quem(부록 ⓐ-8)을 선택하고 해석은 which port ^{어떤 항구로}로 한다.

Petat는 '목표로 삼은 방향으로 가다'라는 petare 동사(부록 [1])의 3인칭 단수이고, nullus는 영어로 부정을 나타내는 no, ventus는 '바람'을 뜻한다. 그러므로 정확하게 해석하면 "어떤 항구로 가는지 모르는 자에게 그 어떤 바람도 없다."이다. 관계대명사 혹은 형용사 qui의 곡용은 아래의 표와 같다.

흔히 인생에는 세 번의 기회가 찾아온다고 한다. 하지만 노력하지 않는 자에게는 그 세 번도 오지 않는다.

격	남성	여성	중성
주격	qui	quae	quod
소유격	cuius	cuis	cuis
여격	cui	cui	cui
대격	**quem**	quam	quod
탈격	quo	qua	quo

태양 아래
새로운 것은 없다

~~~~

Nihil novum sub sole

인류 문명의 역사는 카피의 역사라고 해도 과언이 아니다. 지금의 메소포타미아 지방에서 인류 최초의 문자가 발명되자, 그 주변에서는 다양한 형태의 문자가 생겨났는데 이집트의 상형 문자도 그중 하나이다. 바퀴의 발명도 인류 문명 발달의 견인차가 되어 주변 지방으로 퍼져나갔다.

신화의 경우도 마찬가지다. 문명의 교류 과정에서 신화 같은 설화 문학의 전파는 필수적이다. 이집트 신화에서 아들 호루스를 안고 있는 이시스 여신의 이야기는 아기 예수를 안고 있는 성모 마리아에게 그대로 전해졌으며, 그리스 신들은 모두 로마 신화에 들여왔다.

라틴어로 번역된 성서인 불가타^{Vulgata}에는 로마인들의 이런 사상을 잘 보여주는 글이 전해온다. 코헬렛 전도서에는 우주 만물이 마치 불교의 윤회사상처럼 끊임없이 순환하고 있으며, 새로운 것도 과거에 존재했던 것의 또 다른 존재라고 역설하고 있다. 여기서 살펴볼 문장 Nihil novum sub sole이 나오는 부분을 옮겨 보자.

만물이 얼마나 무상한가, 모든 것이 부질없을 뿐이라네.
인간이 태양 아래서 받는 모든 고통 속에서 얻는 것이 무엇일까?
세대는 바뀌지만 대지는 변함이 없네.
태양은 뜨고 또 지지만 매일 같은 곳에서 떠오르니 한숨만 나오네.
바람은 남풍이었다가 북풍으로 바뀌고 또 바뀌기를 반복하네.
강들은 바다로 흘러가지만 바다는 가득 차지 않는구나.
강들은 끊임없이 한 방향으로 흘러간다.
만물은 우리가 말할 수 있는 범위 밖에서 늘 움직이고,
눈과 귀를 통하여 보고 듣는 것은 끝이 없구나.
전에 존재했던 것은 다시 나타나고,
전에 만들어졌던 것 역시 다시 만들어진다.
태양 아래 새로운 것은 하나도 없구나.
만약 "자, 이것이 새로운 것이다"라고 말한다면,
그것은 이미 수세기 전에 누군가 이미 만들었던 것이다.

Nihil novum sub sole는 고대 로마인들의 실용적인 사고방식을 잘 보여주는 말이다. 그들은 그리스 문명을 동경했고, 실제로

그리스 문명을 100퍼센트 벤치마킹했다. 지금도 그리스에 가면 이탈리아의 고대 유적지에 온 듯한 느낌이 드는 것은 그리스를 향한 로마의 일방적인 짝사랑의 결과일 것이다.

Nihil	novum	sub	sole
니힐	노붐	숩	솔레
Nothing	새로운 것	~아래	태양

앞에서 배웠던 대명사 Nihil은 영어로 Nothing이라는 뜻인데 거의 주격과 대격의 형태로만 사용되고 그 형태도 동일하다. 즉 Nothing is beautiful이란 말을 라틴어로 옮기면 Nihil est bellum이 되고, I love nothing은 Amo nihil이 된다. 즉 주격과 대격의 형태가 같다. 라틴어는 형용사도 주어의 격과 수에 일치시켜야 한다.

Nihil이 중성 주격 명사이므로 '아름다운'이라는 형용사의 중성 주격 단수는 bellum이 된다. '새로운'이라는 형용사 nuvus 역시 중성 주격이 novum이 된다. 전치사 sub은 '~아래'라는 뜻인데 영어 subway에 그 뜻이 잘 남아 있다. 이 전치사는 5격, 즉 대격(탈격)을 취하는 전치사이므로 '태양'을 의미하는 sol의 곡용을 보고 그 격을 확인해보자. Sol은 3군 곡용명사이다(부록 ❸-1).

격	단수	복수
주격	sol	soles
소유격	solis	solum
여격	soli	solibus
대격	solem	soles
탈격	**sole**	solibus

위에서 언급한 바와 같이 전치사 sub은 5격인 탈격을 취하는 전치사이므로 Nihil novum sub sole에서 sole의 형태를 취하고 있다. 그런데 한 가지 이상한 것이 있다. 문장에서 주어가 나오면 동사가 나와야 하는데 Nihil novum sub sole에는 동사가 보이지 않는다. 이런 현상은 라틴어 특유의 함축성에 기인한다. 이 경구에 들어갈 동사는 영어의 be 동사에 해당하는 esse 동사인데 동사를 넣어 문장을 완성하면 Nihil est novum sub sole이 된다.

분노를 치유하는 것은
참는 것이다

~~~~

Remedium irae est mora

어느 마을에서 석가모니가 탁발을 마칠 무렵이었다. 어떤 욕쟁이가 석가모니를 뒤따라오며 차마 입에 올리지 못할 욕을 내뱉었다. 그러나 석가모니는 그에게 한마디 대꾸도 하지 않았다. 욕쟁이는 자신이 이긴 것마냥 우쭐한 기분이 들었지만 한편으로는 아무 대꾸도 하지 않는 것이 괘씸해 석가모니에게 흙을 뿌렸다. 그런데 마침 바람이 욕쟁이 쪽으로 불었고, 흙먼지는 그가 뒤집어쓰고 말았다. 석가모니는 그 욕쟁이를 바라보며 이렇게 말했다.

아무에게나 욕을 하거나 모욕을 주어서는 안 된다. 또한 그가 너의 원수일지라도 대꾸를 해서는 안 된다. 그 욕에 대꾸하면 그

욕은 결국 자신에게 되돌아오는 것이다. 마치 바람이 부는 방향으로 흙을 뿌리면 그 흙을 뒤집어쓰는 자는 결국 자신이 되는 것과 같기 때문이다.

고대 로마인들도 석가모니와 비슷한 생각을 했던 것 같다. 그들은 분노를 치유하는 길은 참는 데에 있다고 여겼다. 누구나 살면서 10초만 참으면 화를 이길 수 있는 경험을 해보았을 것이다. 라틴어 문장을 살펴보자.

Remedium	**irae**	**est**	**mora**
레메디움	이라이	에스트	모라
치유는	분노의	~이다	인내

명사 Remedium(치유)은 2군 중성 명사이고, ira(분노)는 1군 여성 명사의 소유격이므로 '분노의'라고 해석해야 한다. 마지막에 나오는 명사는 '지체'를 의미하는 1군 여성 명사 mora인데 이 단어는 모라토리엄Moratorium이라는 단어의 어원이다. '모라토리엄'이 우리에게 익숙한 이유는 아마도 IMF 사태 즈음에 많이 들어본 경제 용어이기 때문일 것이다. 모라토리엄의 정의는 mora(지체)에서 보듯이 '채무의 지불 연기'를 의미한다.

누구나
자기 것이 아름답다

~~~~

Suum cuique pulchrum est

이솝의 우화에 이런 이야기가 나온다.

어느 날 제우스는 가장 아름다운 동물의 자식에게 상을 주기로
했다. 자기 자식이 가장 아름답다고 생각한 원숭이도 이 대회에
참여하였다. 그런데 다른 신들이 어미 원숭이의 품에 안겨 있는
새끼 원숭이를 보고 웃기 시작했다. 털도 안 난 알몸 상태의 새
끼 원숭이는 볼품 없는 모습이었기 때문이다. 하지만 어미 원숭
이는 1등은 제우스 신이 결정할 것이라며 자기 자식이 가장 아
름답다고 힘주어 말했다.

〈다모클레스의 검 Sword of Damocles〉

리차드 웨스털 Richard Westall, 1812년

우리말에도 "고슴도치도 제 자식은 곱다고 한다"라는 말이 있다. 사람은 누구나 자기 자식이 가장 낫다고 생각한다. 인간의 자기 중심적인 성향이 잘 드러나는 말이다.

기원전 4세기경 사람인 다모클레스는 시칠리아의 독재자 디오니소스 왕의 신하였는데 그는 왕의 자리를 항상 부러워했다. 그런 눈치를 챈 왕은 다모클레스에게 자신을 대신하여 왕 노릇을 해보라고 권하였다. 다모클레스는 속으로 쾌재를 부르며 왕좌에 앉았다. 그런데 자리에 앉아 위를 처다보니 날카로운 검이 말총에 매달려 있었다. 그제야 그는 왕의 자리가 얼마나 위험하고 힘든 자리인지 깨달았다.

디오니소스 왕은 자신이 쓴 문학 작품이 어느 누구의 작품보다 뛰어나다고 생각하고 있었다. 이런 그의 오만함을 키케로는 신랄하게 비판하였는데, 그때 그가 했던 말이 바로 "누구나 자기 것이 아름답다"이다. 키케로의 말을 라틴어로 옮겨보자.

Suum	**cuique**	**pulchrum**	**est**
수움	쿠이쿠에	풀크룸	에스트
자신의 것	각자에게	아름다운 것	~이다

Suum은 '자신의 것', cuique는 '각자에게'라는 여격인데 앞에서 배웠던 관계대명사 qui에 que만 붙은 것이다(부록 ⓐ-9). 그리고 pulchrum은 '아름다운'이라는 중성 주격이다. 결국 인간은 자신을 객관적으로 판단하기에 어려운 존재로 태어난 것은 아닐까?

못을 못으로 뽑다

~~~

Clavum clavo pellere

로마 제국의 말기 무렵, 게르만족은 호시탐탐 제국을 침범하며 로마를 위협했다. 현재 미국과 멕시코의 국경도 수비하기 어려운데 그보다 몇 배 긴 제국의 국경을 만족으로부터 지킨다는 것은 불가능한 일이었다.

그래서 로마의 위정자들은 묘안을 하나 짜냈다. 국경을 넘어 이주한 게르만족에게 '포이데라티'(Foederati 〈 Foederatus의 복수)라는 동맹을 맺어 게르만족의 충성을 서약받는 것이었다. 이렇게 되면 그들은 다른 게르만족의 침략을 막아주는 제2의 로마 군단이 되는 것이다. 오랑캐로 오랑캐를 친다는 이이제이以夷制夷와 같은 전략을 로마도 채택한 것이다.

포이데라티는 속주민 socius과 달리 로마 시민권이 없었고 로마의 지배를 받지 않았지만 전시에는 병력을 제공해야 했다.

이와 유사한 일은 10세기 프랑스에서도 발견된다. 당시 영국을 비롯한 프랑스의 서부 지방, 특히 지금의 노르망디 지방은 북방에서 내려오는 바이킹들의 약탈에 시달리고 있었다. 이들은 대규모 함대를 몰고 수도 파리를 포위하기도 하였다. 결국 바이킹을 격퇴하는 것이 힘들다고 생각한 프랑스의 샤를 4세는 바이킹의 수장 롤롱 Rollon에게 땅을 주고 신하의 맹세를 받기에 이른다. 이때 롤롱이 받은 땅이 노르망디 공작령이다. 이들은 북방에서 내려온 민족이었으므로 '북방인'을 의미하는 노르만 Northman족이라고 불렸다.

오늘 배우는 격언은 로마식 이이제이 표현이다.

Clavum	clavo	pellere
클라붐	클라보	펠레레
못을	못으로	뽑다

'못'을 의미하는 clavus는 이 문장에서 주격과 탈격(Clavo)으로 사용되었다. 3군 동사인 pellere는 이 문장에서 원형으로 사용되어 명사처럼 '뽑는 것'으로 해석하면 된다.

두건만 썼다고
수도사는 아니다

~~~~

Cucullus non facit monachum

17세기 프랑스의 유명한 희극작가 몰리에르가 쓴 《타르튀프 *Tartuffe*》의 주인공 타르튀프는 겉으로는 신앙심이 좋아 보이지만 속으로는 욕망에 사로잡힌 위선적인 독신자이다. 이런 타르튀프가 파리의 대 부르주아 오르공의 집에 오면서 그의 가족들 간에는 불화가 발생한다. 오르공의 아내 엘미르가 타르튀프에게 연정을 품은 것이다. 이에 분노한 오르공은 자신의 어머니에게 이 사실을 말하며 타르튀프에 대한 욕을 퍼부었다. 이에 그를 좋게 생각했던 어머니는 이렇게 말한다.

맙소사, 외모는 항상 우리를 실망시키지. 보이는 것으로 판단해서는 안 된단다.

계몽 사상가 볼테르도 "아름다운 외모는 눈을 즐겁게 하지만 온유함은 영혼을 매혹시킨다"라고 말했다. 두 사람의 공통된 생각은 눈으로 보는 것만이 전부가 아니라는 말일 것이다. 하지만 타인의 내면을 보기란 쉽지 않고, 그 사람이 거짓으로 자신을 보일 때는 더욱더 어렵다.

동양의 공자는 사람을 알아보는 방법에 대해 "먼저 그 사람의 행동을 잘 보고, 그렇게 하는 까닭을 잘 살피며, 그 사람이 편안해하는 것을 꼼꼼히 들여다보면 그 사람을 알아볼 수 있다"라고 말한다.

Cucullus	**non**	**facit**	**monachum**
쿠쿨루스	논	파키트	모나쿰
두건이	~아니다	만들다	수도사를

이 라틴어 경구는 명사의 곡용만 이해하면 해석할 수 있는 문장이다. '두건'을 의미하는 Cucullus와 '수도사'를 의미하는 monachus는 모두 2군 남성 곡용명사의 단수 대격이다. 동사 facit는 만들다 facere 동사의 현재 3인칭 단수 형태이다.

이와 비슷한 격언으로는 "반짝이는 것 모두가 금은 아니다"라는 말이 있는데 라틴어로는 "Non omne quid nitet aurum est"라고 한다. Omne(모든 것)는 복수 중성의 주격이고, quid(영어의

what) 역시 중성 관계 대명사의 복수 주격이다. Nitet는 '반짝이다' 동사 nitere의 3인칭 단수이고, aurum은 중성 명사로 '금'을 의미한다.

사람 수만큼
생각도 다르다

~~~~~

Quot hominibus, tot sententiae

테렌티우스가 말한 격언 가운데 가장 널리 알려진 이 말은 사람의 생각은 저마다 다르다는 불변의 진리를 담고 있다. 현명한 사람은 자신의 생각을 고쳐 다른 사람들과 융화하려 하지만, 어리석은 사람은 남들의 생각을 자신에게 맞추도록 강요한다. 인류의 비극은 후자의 경우에서 일어난다.

마르티알리스가 그의 격언시에서 "문중의 땅을 양보할 수는 있어도 자신의 의견을 양보할 사람은 없다"•라고 말한 것처럼 자신의 생각을 바꾼다는 것이 얼마나 어려운지 잘 보여주고 있다.

• 에라스무스, 《격언집》, 김남우 옮김, 부북스, 2014년, 70쪽.

르네상스 시대를 살았던 교황 마르첼루스 2세는 79세에 교황이 되었다. 노년은 현명한 지혜를 선사하기도 하지만, 어떤 이는 아집의 화석이 되어버리기도 한다. 마르첼루스는 후자의 사람이었다. 그는 고집불통의 노인이었는데 원기 왕성하기까지 했다.

이러한 교황이 등장하자 당시 르네상스 시대를 풍미하던 예술가들은 고통스러웠다. 교황청의 시스티나 성당의 벽화를 그린 미켈란젤로에게 교황은 나체들을 감추라고 명령하고, 그의 연금까지 동결시켰다.

모든 이의 생각은 분명히 다를 수 있다. 하지만 민심이 천심인 상황에서 지도자만이 다른 생각을 가지고 있다면 현실은 불행해진다. 카이사르 역시 다수의 공화파를 무시하고 황제가 되려다가 암살당했고, 유럽 왕실의 많은 폭군들도 이와 비슷했다.

자신의 생각을 끝내 굽히지 않고 세상을 바꾼 인물도 있다. 바로 독일의 종교 개혁가 마르틴 루터이다. 그는 1521년에 보름스 Worms 의회에 소환되었다. 신성 로마제국의 황제인 카를 5세는 루터에게 저작에서 주장한 내용을 철회할 수 없냐고 물었다. 하지만 그는 성서에 의해서 자신의 유죄가 증명되지 않는 한 자신의 생각을 철회할 뜻이 없음을 황제 앞에서 분명히 밝혔고, 자신의 양심이 하느님의 말씀에 사로잡혀 있다고 주장하였다.

Quot	**hominibus,**	**tot**	**sententiae**
쿠오트	호미니부스	토트	센텐티아이
얼마나 많은	사람들에게	얼마나 많은	생각들

'생각'과 '의견'을 의미하는 sententia는 이밖에 '문장'이라는 뜻
도 가지고 있다. 영어에는 여기에 '형벌', '선고'의 의미도 들어가
있다.

제비 한 마리가 왔다고
봄이 온 건 아니다

~~~~~

Una hirundo non facit ver

춘래불사춘^{春來不似春}이라는 고사성어가 있다. 봄이 왔지만 봄과 같지는 않다는 말이다. 이 말은 계절의 바뀜을 표현했다기보다는 인간의 감정이 변화가 있어야 하는데 변함이 없다는 비유적인 의미로 사용된다. 동서고금을 막론하고 인간이 살아가는 모습은 비슷한 모양이다. 로마인들도 이와 비슷한 속담을 만들어냈다. 오늘은 라틴어의 사계절과 함께 이 속담을 풀어보자.

Una	hirundo	non	facit	ver
우나	히룬도	논	파키트	베르
하나	제비	~아니다	만들다	봄을

인칭	현재 활용형
Ego 나	facio
Tu 너	facis
is 그	**facit**
nos 우리	facimus
vos 너희	facitis
ii 그들	faciunt

격	단수	복수
주격	ver	vera
소유격	veris	verum
여격	veri	veribus
대격	**ver**	vera
탈격	vere	veribus

제비를 뜻하는 hirundo는 3군 곡용 여성명사로 'hirundo, -hirundinis'처럼 곡용을 한다. facit는 5군 동사로 facere 만들다의 3인칭 단수 형태이다. 마지막 단어는 ver 봄인데 이 명사는 corpus 처럼 곡용하는 3군 중성 명사이다. 봄이 여성이 아니라 중성인 것이 흥미롭다. 이 속담은 영어에도 있다. 영어에서는 봄 대신에 여름이 나오기도 한다.

One swallow does not make a spring.

One swallow does not a summer make.

북반구의 이탈리아 반도는 사계절이 분명했다. 그러므로 그에 상응하는 계절의 이름도 분명히 있었다. 이 말을 꺼내는 이유는 사계절이 모든 문명권에 동일하게 존재하는 게 아니며, 그런 경우 계절명도 우리가 생각하는 것과는 차이가 나기 때문이다.

고대 이집트에서는 일 년을 세 개의 계절로 구분했다. 첫 번째 계절은 아케트^Akhet^인데, 이 계절은 나일강이 범람하는 '홍수의 계절'로 대략 6월에서 9월에 이르는 기간을 가리킨다. 두 번째 계절은 페레트^Peret^라고 불리는 계절로 10월에서 1월 사이의 기간이다. 이 시기는 범람한 나일강이 농토를 비옥하게 해주는 시기이다. 마지막 계절은 셰무^Shemu^인데 2월과 5월 사이로 '수확의 계절'이다.

라틴어의 사계절에는 ver 봄를 비롯하여 aestas 여름, autumnus 가을, hibernum 겨울이 있다. 이 중에는 IT 용어의 어원도 찾을 수 있을 때, 컴퓨터 작업을 할 때 사용하는 하이버네이션^hibernation^이 그것이다. Hibernation의 사전적 의미는 '동면'으로 라틴어 본래의 의미를 제대로 간직하고 있다. 여기에 IT 기술자들은 컴퓨터 작업을 일시 중지하고 대기 상태에 들어가는 것을 hibernation이라고 불렀다.

한글 사용을 주장하는 사람들은 hibernation을 '재우기'로 바꾸어 부르자고 말한다. 옳은 말이라고 생각한다. 프랑스에서는 컴퓨터의 마우스를 '생쥐'를 의미하는 souris(발음은 수리)라고 부르는데 전혀 이상하게 생각하지 않는다. 그렇다면 우리도 "쥐를 똑딱거려봐!"라고 말하는 것은 어떨까?

실수는 인간의 몫이지만
실수를 고집하는 것은 악마의 몫이다

~~~~

Errare humanum est,
perseverare diabolicum

성경의 잠언에는 이런 말이 나온다.

지옥과 저승은 아무리 들어가도 한이 없듯이
사람의 욕심도 끝이 없다.

인간의 파멸은 욕심으로부터 나온다는 것을 경계한 말일 것이다.
고대 로마인들은 인간은 실수하기 마련이라며 다소 불완전한
인간의 속성을 두둔하고 있다. 물론 실수는 인간적인 것이다. 그
러나 욕심으로 인해 그 실수를 고집하는 것은 악마의 몫이라고
말했다.

Errare
에라레
실수하다

humanum
휴마눔
인간의 것

est,
에스트
~이다

perseverare
페르세베라레
고집부리다

diabolicum
디아볼리쿰
악마의 것

이 경구는 로마의 철인 세네카가 말했다고 전해오지만 다른 작가들도 유사한 경구를 남겼다. 키케로는 "인간의 본성은 실수하는 것이고 제정신이 아닌 자만이 그 실수를 고집한다"라고 말했다. "역사를 기억하지 못하는 자는 그 역사를 다시 살 것이다"라는 현대 어느 철학자의 말도 같은 맥락에서 새겨볼 가치가 있다.

로마 제국은 역사상 최대의 영토를 정복한 제국 중 하나였다. 그들의 물질 문명은 당시로서는 비교할 대상이 없을 정도로 풍요로웠다. 그렇지만 그들은 정신세계를 등한시했으며 편리함과 쾌락을 좇았다. 황제는 서커스(전차 경주)와 빵으로 제국의 시민들에게 볼거리와 식량을 제공해주었지만 거기까지였다. 제국의 방위마저 적들인 게르만족에게 맡기지 않았던가?

이 경구가 우리에게 전하는 메시지는 인간은 실수를 할 수 있지만 그 실수를 반복해서는 안 되며, 인간은 실수를 통하여 자기 자신을 교정해나가야 한다는 뜻일 것이다. 영국 시인 알렉산더 포프Alexander Pope는 "실수는 인간이 범하는 것이고, 그것을 용서하는 자는 신이다"라고 말했다.

Errare 동사는 원형이 -are로 끝나므로 앞에서 설명한 dare,

festinare 동사와 활용이 동일하다. 여기에는 동사 원형이 명사적 용법으로 사용되었다. 영어로 실수를 뜻하는 error의 어원이고, 그 뜻은 '실수한다는 것'으로 해석하면 된다.

두 번째 단어인 humanum은 인간적이라는 뜻인데 앞에서 설명한 형용사 bellus(남성), bella(여성), bellum(중성)(부록 ⓐ-1)의 경우처럼 humanum은 중성 형용사임을 알 수 있다.

이 문장에서 errare는 실수한다는 것이라는 뜻이므로 사물 주어가 되어 중성 명사로 간주한다. 라틴어는 격이 분명한 언어이므로 상대적으로 어순은 자유로운 편이다. 이 경구에서도 Errare humanum est 대신에 Errare est humanum이라고 말해도 전혀 지장이 없다. 두 번째 문장에서는 동사 est를 생략하고 동사와 형용사만 바꾸었다. Perservere는 '고집을 부리다'라는 뜻이고 diabolicum은 악마의 것이라는 말인데, 영어의 devil이 이 말에서 나왔다.

들을 수 있는 귀를
가진 자가 듣는다

~~~~~

Qui habet aures audiendi audiat

인간은 누구든지 남의 말을 듣기보다 자기 말을 하고 싶어 한다. 그런데 곰곰이 생각해보면 이런 모습은 유전적으로 잘못된 것 같다. 말할 수 있는 입은 하나만 가졌지만, 들을 수 있는 귀는 두 개를 가지고 있지 않은가? 이것은 적게 말하고, 많이 들으라는 뜻일 터이다.

고대 이집트인들은 신의 말씀이 인간의 귀를 통해 들어오기 때문에 귀는 지혜의 상징이라고 여겼다. 그리고 심장에서 지혜의 말씀을 생각한다고 고대 이집트인들은 보았다. 고대 이집트인들은 사람이 죽으면 영혼이 신체에서 빠져나가 진리의 전당에서 심판을 받고, 다시 부활할 수 있는 영혼은 자신의 시신으로 돌아온다고 믿었다. 따라서 망자의 시신을 미이라로 만들어 잘 보전해야 한다고 여겼다.

고대 이집트인들은 망자의 시신을 미이라로 만들 때 심장을 비롯한 장기들은 각각 따로 보관했지만 뇌는 코를 통해 빼내었다. 뇌에서 사고가 이루어진다고 생각하지 않았기 때문이다. 하지만 고대 그리스인들은 인간의 뇌가 감각과 이성을 지배하는 장기라고 생각했다. 실제로 피타고라스 학파에 속한 알크마이온은 인체 해부를 통하여 이와 같은 사실을 주장하기도 했다.

기독교에서 심장은 죽음 앞에서도 신앙을 지켰던 초기 기독교인들에게 하느님에 대한 믿음의 상징이다. 이 심장을 기독교에서는 성심聖心, Sacred Heart이라고 부른다. 사도 바울은 심장은 성령을 받는 '마음의 중심'이라고 역설한 바 있다.*

오늘 배울 라틴어는 성경 마가복음에 나오는 말이다.

Qui	**habet**	**aures**	**audiendi**	**audiat**
쿠이	하베트	아우레스	아우디엔디	아우디아트
~사람	소유하다	귀들을	들을	듣는다

Habet는 '소유하다'라는 의미를 가진 habere 동사의 3인칭 단수 현재형이고, aures(부록 ❸-3)는 '귀'를 뜻하는 3군 여성 곡용명사의 복수 대격이다. 그 곡용 형태는 다음과 같다.

• 《마음의 장기 심장: 인간에게 심장이란 무엇인가》, 전주홍 외, 바다출판사, 2016년.

격	단수	복수
주격	auris	aures
소유격	auris	aurium
여격	auri	auribus
대격	aurem	**aures**
탈격	aure	auribus

인칭	현재 활용형
Ego 나	audio
Tu 너	audis
is 그	audit
nos 우리	audimus
vos 너희	auditis
ii 그들	audiunt

예문의 마지막에는 '듣다' 동사 audire가 보인다. 이 동사는 4군 동사인데 활용형은 위의 표와 같다. 그런데 본문에는 3인칭 단수형이 audiat로 되어 있다. 이 동사의 표현법은 접속법이라고 하는데 불확실성을 표현할 때 사용하는 말이다. 즉 '들을 것이다'라는 추측의 표현이다.

마지막으로 audiendi는 동명사의 소유격으로 '들을'이라는 의미이며, 영어로 바꾸면 'ears to hear'이 된다. 'to hear'가 동명사 audiendi에 해당한다.

눈은 자기 자신은 못 보면서,
다른 것은 본다

~~~~

Oculus se non videns, alia videt

인간은 선천적으로 자기중심적이어서 자신의 관점으로 주변을 바라본다. 자신이 변하면 주위 사람들이 편안한데 오히려 주위 사람들을 바꾸려고 한다. 성경에 이런 말이 나온다.

형제의 눈 속에 든 티는 보면서도
어째서 제 눈 속에 들어 있는 들보는 깨닫지 못하느냐?

이보다 인간의 이기적인 생각을 잘 보여주는 말이 있을까?
계몽철학자 루소는 자신을 남에게 정확하게 보이는 것이 얼마나 어려운지 다음과 같이 말했다.

당신을 좋게 말하지 말라.

그러면 당신은 신뢰할 수 없는 사람이 될 것이다.

또한 당신을 나쁘게 말하지 말라.

그러면 당신은 당신이 말한 그대로 취급받을 것이다.

　동양에서도 마찬가지다. 명나라 때의 잠언집 《채근담》에는 "남의 잘못을 너그럽게 용서하고, 남의 사사로운 비밀을 폭로하지 않으며, 지난날에 남이 저지른 잘못을 생각하지 마라"는 말이 나온다. 고전은 자신의 잘못은 엄격하게 바로 잡아야 한다고 강조하고 있는 것이다. 하지만 우리는 자신의 잘못에는 관대하고 남의 잘못에는 지나치게 엄격한 잣대를 대고 있지는 않은가?

　로마인들은 다음과 같이 자아성찰에 관한 경구를 남겼다.

Oculus	**se**	**non**
오쿨루스	세	논
눈은	자신을	~못
videns,	**alia**	**videt**
비덴스	알리아	비데트
보면서	다른 것들을	본다

　Oculus는 '눈'을 의미하는 명사로 단수 주격이고, se는 '스스로'를 의미하는 영어의 self에 해당하는 재귀대명사이다. Videns는 '보다' 동사 videre(부록 **2**)의 현재 분사형 videns˙인데 여기에서는 눈을 수식하는 형용사로 사용되었다. 그러므로 첫 번째 구절은 '스스로를 보지 못하는 눈은'이 된다.

다음 단어 alia는 '다른'을 의미하는 형용사 alius, alia, alium(부록 ⓐ-3)에서 중성 복수 대격이다(부록 형용사 곡용 참조). Videt는 '그는 본다'이므로 마지막 문장은 '(눈은) 다른 것들을 본다'로 해석한다.

• 라틴어의 현재분사는 현재 동사의 뿌리에서 만들어진다. 예를 들어 amare는 amans, videre는 videns가 현재분사이다.

죄가 없는 탐욕은 없다

~~~~

Nulla avaritia sine poena est

로마 역사상 가장 큰 부호는 두말 할 것도 없이 마르쿠스 리키누스 크라수스^{Marcus Licinus Crassus}이다. 그는 막강한 재력을 바탕으로 카이사르, 폼페이우스와 삼두 정치를 했다. 재벌 출신인 현 미국 대통령의 모습이 이미 로마 공화정에 있었던 셈이다. 그의 재산은 로마 공화정 예산의 9할에 이르렀다고 한다.

그렇다면 크라수스는 어떻게 천문학적인 재산을 모을 수 있었을까? 그는 권력을 이용하여 반대파를 숙청한 다음에 그들의 재산을 경매로 사들이는 방식으로 돈을 모았다. 이외에도 그는 다양한 방법으로 재산을 축적했는데, 그가 사용한 가장 야비한 방법은 이런 것이다.

당시 로마에는 크고 작은 화재가 자주 발생했다. 이에 크라수스는 소방수들을 매수하여 화재 진압을 일부러 천천히 하라고 지시한 다음, 집 주인들과 협상을 벌여 조금이라도 싸게 집을 매수했다고 한다. 한마디로 병 주고 약 주는 강도였던 셈이다.

크라수스는 재력을 바탕으로 정계까지 진출한다. 그리고 라이벌인 카이사르와 폼페이우스보다 더 큰 공적을 올리기 위해 당시 로마의 주적인 파르티아(지금의 이란) 원정에 나선다. 하지만 자신의 능력을 과대평가한 크라수스는 전투에서 패해 목숨까지 잃고 만다. 넘치는 탐욕으로 부에 권력까지 손에 넣은 자의 말로였다.

가톨릭에는 7개의 대죄가 있다. Superbia^{교만}, Invidia^{시기}, Ira^{분노}, Pigritia^{나태}, Avaritia^{탐욕}, Gula^{식탐}, Luxuria^{색욕}이 그것인데 오늘 소개하는 대죄는 탐욕^{Avaritia}이다.

Nulla	avaritia	sine	poena	est
눌라	아바리티아	시네	포에나	에스트
그 어떤	탐욕	~없는	죄	~이다

첫 번째 단어 nulla는 nullus, nulla, nullum에서 여성형이고, 뜻은 부정을 뜻하는 형용사(영어의 no)이다. Avaritia는 '탐욕'을 나타내는 여성 명사의 단수 주격이고, sine는 영어의 without인데 항상 5격을 취한다. 그리고 명사 poena는 '죄'를 의미하는 여성 명사이다.

나쁜 사과나무는
나쁜 사과들을 준다

~~~~~

Mala malus mala mala dat

인간의 DNA는 유전된다. 신체적 특징은 물론이고 성격까지 후손들에게 내려간다. 로마 제정의 시금석을 놓은 아우구스투스는 카이사르의 후손이다. 그러므로 이 왕조를 역사가들은 율리우스 왕조라고 부른다. 근면하고 책략가였던 아우구스투스는 부러울 것이 없는 황제였다. 그는 "목재로 지은 로마를 물려받아 대리석의 로마를 만들었다"는 자부심을 가지고 있었다.

하지만 그에게도 근심이 있었으니 바로 딸 율리아였다. 그녀는 결혼에 여러 번 실패하고 행실마저 방탕한 여자였다. 그래서였을까? 폭군 칼리굴라와 네로 그리고 악녀 소小아그리피나 같은 황족들이 모두 율리아의 후손이라는 사실은 우연일까?

146

근대 유럽의 경우도 마찬가지다. 전 유럽을 호령했던 합스부르크 왕가는 오스트리아 왕실과 스페인 왕실로 분가되었는데, 특히 스페인의 합스부르크 왕조의 왕들은 열성적인 유전자를 대대로 물려받았다. 턱의 부정교합이 대표적인 열성 유전의 예이다. 그래서 서양인들은 돌출 턱을 가리켜 합스부르크 립^{Habsburg lip}이라고 부른다. 합스부르크 왕실의 왕들은 돌출 턱으로 인해 식사도 제대로 못했다고 한다.

합스부르크 왕가의 왕들이 모두 부정교합의 턱을 가지게 된 배경에는 근친혼이 있었다. 그들은 사촌, 숙부와 질녀 사이의 결혼을 통해 동종교배를 이어갔고, 그 결과 유전적 열성인자들이 대를 물려 내려가게 되었다.

오늘 소개할 라틴어 경구를 우리말로 바꾸면 "콩 심은 데 콩 나고 팥 심은 데 팥 난다"이다.

Mala	**malus**	**mala**	**mala**	**dat**
말라	말루스	말라	말라	다트

이번에는 경구의 문법적 해석을 설명하기 전에 스스로 해석을 해보도록 하자. 이 문장에는 '나쁜'이라는 malus가 있고, '사과나무'를 뜻하는 malus 그리고 '사과'를 의미하는 malum도 섞여 있다. '주다' 동사 dare는 이미 앞에서 배웠다. 5분 동안 주어진 말들의 격들을 잘 생각해본 다음 정확한 해석을 한번 해보길 바란다.

자, 이제 여러분들은 라틴어가 얼마나 논리적인 언어인지 확인할 수 있다. 이 경구를 문법적으로 하나씩 살펴보자. 이 문장에서 가장 착각하기 쉬운 오류는 '사과나무'의 malus가 남성 명사가 아니라 여성 명사라는 사실이다. 그러므로 '나쁜 사과나무'라고 말할 때는 malus malus가 아니라 malus mala라고 말해야 한다. 첫번째 두 단어, 즉 Malus mala는 '나쁜 사과'로 해석하고, 세 번째 mala는 사과(malum)의 복수 대격 형태이며, 마지막 mala는 형용사 malum의 복수 대격이다. 마치 언어 유희처럼 보이는 이 문장은 정확한 문법적 구분과 논리적 사고를 통해서 해석할 수 있다. 정확한 해석은 "나쁜 사과나무는 나쁜 사과나무들을 준다"이다.

로마인들의 문장

로마는 그리스 책과 조각상들로
가득 차 있었다

~~~~

Patria Romanorum erat plena
Graecorum librorum statuarumque

고대 로마인들은 그리스 문명에 열광했다. 군사력 외에는 내세울 것이 없었던 로마가 그리스 문명을 동경했던 것은 어찌 보면 당연하다. 로마인들은 이탈리아 반도에 먼저 정착한 에트루리아인들을 통해서 그리스로부터 알파벳을 빌려온다.

ЯВꓘ

이 알파벳이 기원전 7세기경에 에트루리아인들이 사용하던 알파벳이다. 그들은 오른쪽에서 왼쪽으로 필기를 했기 때문에 B와 K의 모습이 거울에 비친 모습이다. 하지만 로마인들은 그리스

알파벳의 형태를 따라 지금의 로마 알파벳으로 바꾸어 사용하게
된다.

로마인들은 그리스 신전 같은 건축물뿐만 아니라 그리스인들
의 문학과 신화까지 통째로 수입하였다. 그래서 그리스 로마 신화
는 우리에게 익숙하지만, 로마 신화는 조금 낯설다. 군국주의를
지향하고 실용적인 법체계를 완성시킨 로마인들에게 신화는 잘
맞지 않았는지, 로마 건국 신화인 쌍둥이 형제 로물루스와 레무스
신화 외에는 별다른 것을 찾을 수 없다.

오늘 배울 라틴어는 로마가 그리스 문명에게 보낸 짝사랑의 실
체를 잘 보여주고 있다.

Patria	Romanorum	erat	plena
파트리아	로마노룸	에라트	플레나
조국은	로마인들의	~였다	가득찬

Graecorum	librorum	statuarumque	
그라이코룸	리브로룸	스타투아룸쿠에	
그리스인들의	책들	조각상들	

두 번째 단어인 Romanonum은 '로마인'을 의미하는 Romanus
의 복수 소유격, 즉 '로마인들의'로 해석하면 된다. Erat는 esse 동
사의 미완료 과거이고, 형용사 plena(가득 찬)는 plenus의 여성형
이다. 한 가지 주의할 것은 영어 차용어 plenty of에서 보듯이 형
용사 plenty는 항상 of를 데리고 다닌다. 이 말은 라틴어로 말하
자면 plenty 다음에서 소유격이 따라 온다는 말이다. 그러므로
plena 다음의 명사인 liborum은 '책'을 의미하는 liber(부록 ❷-2)

의 복수 소유격이고, 수식어인 Graecorum 역시 소유격의 형용사를 사용하였다.

마지막 단어 statuarum 역시 statua의 복수 소유격이고, que는 영어의 'and'인데 두 개의 명사 중에서 마지막 단어에 붙는다.

역사는 증명하기 위해서가 아니라
말해지기 위해 쓰여진다

~~~~

Historia scribitur ad narrandum
non ad probandum

로마의 유명한 수사학자인 퀸틸리아누스^{Quintilianus}는 역사가 객관적인 사실을 기술하는 것이 아니라 기술하는 사람의 의도에 의해 기록된다고 말했다. 실제로 역사를 '승자의 기록'이라고 하지 않는가?

하지만 과거의 모든 사건이 역사로 기록되지는 않는다. 사소한 사건일지라도 그것이 시대에 중요한 영향을 미쳤다면, 역사적으로 중요한 의미를 지닌다.

서로마 제국은 서기 476년에 멸망했지만, 훗날 비잔틴 제국으로 불리는 동로마 제국은 1453년 오스만 제국에 의해 멸망한다. 콘스탄티노플의 함락 과정은 한순간의 실수가 천 년 제국의 종말을 불러왔다는 점에서 시사하는 바가 크다.

본래 콘스탄티노플의 성벽은 철옹성이었다. 이 도시를 오스만 제국의 메메드 2세는 엄청난 대포를 거느리며 압박했다. 오스만 제국이 소유한 가장 큰 대포는 황소 90마리와 400명의 병사들이 운반할 정도였다고 한다. 이 대포는 우르반이라고 불리는 기술자가 만들었는데, 원래는 콘스탄티노플의 방어를 위해 비잔틴 제국에 제안했다. 하지만 비잔틴 제국이 형편없는 가격을 제시하여 오스만 제국에게 대포 제조기술을 넘겼다고 한다. 만약 비잔틴 제국이 이 대포를 샀다면, 오스만 제국의 공격을 막아낼 수 있었을 것이다.

1066년 잉글랜드를 정복하고 왕위에 오른 노르망디의 윌리엄 공에 대한 역사적 평가는 영국과 프랑스에서 다소 차이가 난다. 침략자와 정복민의 입장 차이일 것이다. 하지만 역사는 윌리엄이 잉글랜드를 다소 잔혹하게 통치했음에도 위대한 '정복왕' William The Conqueror 으로 칭송하고 있다.

현재 전해지는 역사적 자료들은 과연 얼마나 객관적인 시각으로 기술된 것일까?

Historia	**scribitur**	**ad narrandum**
히스토리아	스크리비투르	아드 나란둠
역사는	기록된다	말하기 위해
non	**ad probandum**	
논	아드 프로반둠	
~아니라	증명하기 위해	

Historia는 '역사', '이야기'를 말하는 여성 1군 곡용명사이다. 영어의 story와 history의 형태는 다르지만 모두 historia에서 나온 말들이다. Scrbitur는 '기록하다' scribare의 수동 현재 3인칭 단수이고, narrandum은 '이야기하다' narrare의 동명사 형태인데 전치사 ad(영어의 to) 다음에 놓여 'to narrte'(이야기하기 위해)로 해석된다. 마찬가지로 probandum 역시 동사 probare ^{증명하다}의 동명사 형태이다.

한니발이
성문 밖에 왔다

~~~~

Hannibal ante portas

역사는 우연의 연속일 수도 있고, 필연의 연속일 수도 있다. 워털루 전투가 벌어지던 날 비가 내리지 않았다면 포병의 화력이 우세하던 나폴레옹 군대가 웰링턴의 영국 군대를 무찌르고 유럽의 절대 군주로 등극했을 것이다. 하지만 비가 내려 진흙밭으로 변한 전장에서 나폴레옹의 포대가 쏜 대포는 대부분 불발탄이 되어버렸다.

기원전 3세기에 지중해의 패권을 놓고 아프리카의 맹주인 카르타고와 신흥 강국으로 부상한 로마가 정면으로 충돌했는데, 이 전쟁을 그리스인들은 포에니 전쟁이라고 불렀다. 제2차 포에니 전쟁(기원전 218~202년)의 영웅은 단연 카르타고의 한니발이었다.

로마는 스페인에 집결해 있던 카르타고 군대가 해안을 따라 마르세이유를 거쳐 북부 이탈리아로 쳐들어올 것이라고 생각했다.

그러나 한니발은 로마의 허를 찔렀다. 지리적으로 이탈리아 북부 지방은 알프스 산맥으로 막혀 있었다. 산맥을 경계로 남쪽에 살고 있던 갈리아족은 로마에 우호적이었지만, 산맥 너머 북쪽 지방에 살고 있던 갈리아족은 로마에 완강히 저항하고 있었다. 로마는 한니발이 지중해 해안을 따라 쳐들어올 것이라고 생각했다. 하지만 한니발은 로마에 우호적인 갈리아족이 살고 있는 알프스 남부 지방을 지나는 것이 위험하다고 생각했다.

따라서 한니발은 알프스 산맥을 넘어 로마의 등 뒤에서 공격을 감행했다. 로마인들은 한니발의 코끼리 부대가 알프스를 절대 넘지 못할 것이라고 예상하고 있었다. 게다가 때는 눈보라가 치는 한겨울이었다. 하지만 한니발은 로마인들의 예상을 깨고 알프스를 넘어 로마를 급습했다. 이탈리아의 대부분이 한니발의 수중에 들어갔다. 이때 생긴 유명한 말이 바로 "한니발이 성문 밖에 와 있다"이다. 우리나라의 전래동화 《호랑이와 곶감》에서 "밖에 호랑이가 와 있다"와 비슷한 표현이다. 물론 이 동화에서 호랑이는 자신보다 더 무서운 존재를 곶감으로 생각하지만….

만약 포에니 전쟁에서 카르타고가 로마를 무찌르고 지중해의 패권을 차지했다면 역사의 흐름은 바뀌었을지도 모른다. 로마에서 게르만족의 세계로 바뀌지 않고, 아랍 문화권으로 역사의 중심이 이동했을지 모른다.

라틴어 원문을 보자.

Hannibal	(est)	ante	portas
한니발		안테	포르타스
한니발	(~있다)	앞에	문들

라틴어 전치사 ante는 4격, 즉 대격을 지배하는 전치사이다. 전치사 ante는 명사 portas 앞에 위치하는데, 이 표현에서는 전치사 ante가 복수 대격을 요구하기 때문이다. 라틴어 명사에서 끝이 -a로 끝나는 명사는 대개 여성 명사형인데, 문을 의미하는 porta는 1군 곡용명사형이다. 구글처럼 이용자가 필요로 하는 다양한 서비스를 종합적으로 모아 놓은 사이트를 'portal site'라고 부르는데, portal의 영어 의미인 '정문'은 라틴어 porta에서 나온 말이다.

〈알프스를 넘는 한니발의 코끼리 부대〉

하인리히 로이테만 Heinrich Leutemann, 1866년

주사위는 던져졌다!

~~~

Alea iacta est!

로마의 영웅 카이사르는 지금의 프랑스 지방인 갈리아 지방을 정복하고 속주Provincia로 삼았다. 지금도 프랑스 남부 지방에는 프로방스Provence라는 지방이 있는데 라틴어 Provincia프로빈키아가 그 어원이다.

로마에서 카이사르의 인기는 폭발적이었다. 하지만 공화정을 지키려는 원로원은 그의 야심을 두려워하고 있었다. 로마의 전통에 따르면 원정에 나갔던 군단은 로마로 돌아올 때 루비콘강을 건너야 한다. 그런데 원정군은 무장한 채 루비콘강을 건널 수 없었다. 로마로 들어와 쿠데타를 일으킬 수도 있기 때문이다. 카이사르는 고민에 빠졌다. 그는 "내가 이 강을 (무장한 채로) 건너면 로마가 파멸하고, 건너지 않으면 내가 파멸한다"라고 혼잣말을 했다고 한다. 그러면서 강을 건너면서 한 말이 "주사위는 던져졌다!"이다. 라틴어로 원문을 살펴보자.

Alea	iacta	est!
알레아	이악타	에스트
주사위	던져진	~이다

Alea는 '주사위'를 뜻하는 여성 명사이고, iacta는 iacere(부록 5) 동사의 명사 supinum인데 영어로 치면 과거 분사형에 해당된다. Iacare를 사전에서 찾으면 iacio, iacere, ieci, iactum 같은 항목이 나온다.

'주다' 동사 do의 경우처럼 라틴어 동사를 사전에서 찾으면, 1인칭 단수, 동사 원형, 완료 과거*1인칭 단수 do, dare, dedi, datum 그리고 마지막에서는 동사형 명사(datum)가 나온다. 동사형 명사 iactum에서는 과거 분사형 iactus, iacta, iactum이 만들어지는데, 본문에 나오는 형태는 여성형 iacta이다.

Alea iacta est에서는 Alea가 여성 명사 단수이므로 과거 분사형은 여성형인 iacta를 써야 한다. 영어에 익숙한 독자는 Alea est iacta가 자연스러워 보이지만, 라틴어가 선호하는 어순은 Alea iacta est이다. 또 한 가지 라틴어에는 관사가 없다는 사실도 눈여

• 영어 동사 take의 과거형 took로 생각하면 된다. 완료 과거에 대해서는 뒤에서 살펴보기로 하자.

겨볼 대목이다. 만약 '선물들이 주어졌다'를 라틴어로 옮기면 data iacta sunt가 된다. Data는 dare 동사에서 나온 명사 datum의 복수 주격 형태이다.

결국 카이사르는 루비콘강을 건너 로마로 들어갔고, 그 이후의 이야기는 잘 알려져 있다. 이후 '루비콘 강을 건너다'라는 표현은 돌이킬 수 없는 결정을 한 후에 자주 사용하는 말이 되었다. 카이사르가 루비콘강을 건넌 지 1500년이 되던 1451년에 루비콘강 근처의 리미니 시에 석비를 세웠다고 한다. 비석의 내용은 아래와 같다.

내전 중에 루비콘 강을 건넌 독재관 카이사르는
자신의 병사들에게 아리미눔 광장에서 연설을 했다.

리미니 시의 트레 마리티리^{Tre Martiri} 광장에는 카이사르의 동상이 서 있는데, 이 동상은 1933년에 독재자 무솔리니가 세운 것이라고 한다. 독재자였던 무솔리니는 카이사르를 롤모델로 삼았던 것 같다.

평화를 원하면
전쟁을 준비하라

~~~~~

Si vis pacem para bellum

로마는 막강한 군사력을 기반으로 세력을 넓혀갔다. 포에니 전쟁으로 지중해의 패권을 손에 넣은 로마는 북으로는 브리타니아, 남으로는 북아프리카 그리고 동으로는 파르티아(페르샤 지방) 근방까지 제국의 판도를 넓혔다.

로마에는 야누스 신전이 있었는데, 이 신전의 입구에는 야누스 신의 얼굴이 조각되어 있었다고 한다. 야누스 신은 두 개의 머리가 붙은 신인데 샴 쌍둥이의 머리와 흡사하다. 이 신은 사물의 시작을 관장하는 아주 중요한 신이었다.

로마 군대가 출정에 나설 때에는 야누스 신의 문을 열어놓았는데, 로마인들은 그래야만 전쟁에서 승리할 수 있다고 믿었기 때문이다. 이 문은 평화시에는 닫히고 전쟁이 있을 때에는 열려 있었는데, 로마의 역사에서 이 문이 닫힌 적은 왕정 시대에 한 번밖에 없었다고 한다. 로마가 크고 작은 전쟁을 얼마나 자주 벌였는지 잘 알 수 있는 대목이다.

오늘 배우는 문장은 전쟁과 평화에 관한 경구이다. 어떤 사람들은 무기와 군대를 없애는 것이 평화에 이르는 길이라고 말한다. 하지만 반대로 전쟁을 대비하는 것이 평화를 지키는 지름길이라고 역설하는 사람들도 있다. 판단은 각자의 몫이지만 역사에서 교훈을 찾아보면 후자의 주장이 더 설득력이 있어 보인다.

대표적인 예가 로마 제국이 광활한 게르마니아(오늘날의 독일, 폴란드, 오스트리아, 루마니아)에 거주하는 야만족의 침입을 대비하여 엘베강과 다뉴브강을 따라 8개의 군단을 배치하여 제국의 평화를 유지한 경우다. 평화는 무력을 통해서 지켜진다는 것을 역사는 증명하고 있다. 하지만 결국 로마는 게르만족에 의해 멸망당하고 만다. 물이 고이면 썩기 때문이었을까?

Si	vis	pace	para	bellum
시	비스	파케	파라	벨룸
만약	원하면	평화를	준비하라	전쟁을

Si는 영어의 if에 해당하고 '원하다'라는 동사 volo의 활용형은 앞에서 이미 배웠다. '평화'를 의미하는 pacem(부록 ❸-1)의 곡용은 다음과 같다. Pax는 3군 곡용에 속하는 명사이다. '전쟁'을 의미하는 bellum은 2군 곡용의 중성 명사이므로 donum의 곡용과

격	단수	복수
주격	pax	paces
소유격	pacis	pacum
여격	paci	pacibus
대격	**pacem**	paces
탈격	pace	pacibus

격	단수	복수
주격	bellum	bella
소유격	belli	bellorum
여격	bello	bellis
대격	**bellum**	bella
탈격	bello	bellis

동일하다. 그런데 bellum의 곡용에서 '아름다운'이라는 형용사
bellus의 여성형과 중성형이 함께 보인다. 물론 그 형태만 동일할
뿐 그 뿌리는 다르지만 외관상 혼동을 줄 여지는 많아 보인다. 그
래서 그런지 프랑스어에서는 전쟁이라는 말을 조어^{祖語}인 라틴어
에서 받아오지 않고 게르만어에서 빌려온 guerre^{게르}를 사용했다.
이는 스페인어 '게릴라'와 어원이 같다.

왔노라! 보았노라!
이겼노라!

~~~~~

Veni Vidi Vici

기원전 47년 카이사르는 폰토스의 국왕 파르나케스를 제압했다. 원로원은 승리를 거둔 카이사르의 보고서를 기대하고 있었다. 이윽고 카이사르의 보고서가 원로원에 올라왔다. 이 보고서에는 단 세 단어만 있었다.

Veni Vidi Vici!

난관을 만났을 때 정면돌파를 통해 해결하는 카이사르의 성격이 그대로 드러난 말이었다. 간결한 문장을 좋아하는 카이사르는 단 세 단어에 원정의 과정과 결과를 표현한 것이다!

여기서는 라틴어의 과거 시제 중에서 완료 과거^{Perfect}에 대해 공부하자. 완료 과거의 의미를 이해하려면 이 문장을 영어로 옮겨보면 알 수 있다. 이 문장을 영어로 번역하면 'I came, I saw, I conquered'가 된다. 라틴어의 완료 과거는 과거의 동작이 완전히 수행되어 그 시작과 끝이 명확한 경우를 가리킬 때 사용한다. 완료 과거는 현재 동사형과 형태과 다소 다르기 때문에 사전의 동사 표제어에 항상 실려 있다. 오늘 소개한 동사들의 완료 과거를 사전에서 찾아보면 다음과 같다.

Venio, venire, **veni**, ventum 오다

Video, videre, **vidi**, visum 보다

Vinco, vincere, **vici**, victum 승리하다

우리는 앞에서 라틴어 동사를 사전에서 찾으면 1인칭 단수, 동사 원형, 완료 과거 1인칭 단수, 동사형 명사의 순서로 배열되어 있다고 배웠다. 원문에 나오는 세 동사(venire, videre, vincere)에서 세 번째 나오는 동사형이 오늘 원문에 나오는 완료 과거의 1인칭이다. 라틴어에서 동사의 1인칭 단수가 중요한 이유는 현재와 완료 과거의 1인칭 단수만 기억하면 나머지 인칭의 활용은 어렵지 않게 짐작할 수 있기 때문이다. 세 동사의 완료 과거 활용형을 보면서 그 어미를 정리해보자.

인칭	과거 활용형[*]
Ego 나	**veni**
Tu 너	venisti
is 그	venit
nos 우리	venimus
vos 너희	venistis
ii 그들	venerunt

인칭	과거 활용형
Ego 나	**vidi**
Tu 너	vidisti
is 그	vidit
nos 우리	vidimus
vos 너희	vidistis
ii 그들	viderunt

인칭	과거 활용형
Ego 나	**vici**
Tu 너	vicisti
is 그	vicit
nos 우리	vicimus
vos 너희	vicistis
ii 그들	vicerunt

이 표에서 보듯이 세 동사는 2군(videre), 3군(vincere), 4군(venire)인데 1인칭 단수의 완료 과거형만 알면 나머지 인칭의 활용은 동일한 규칙성이 있음을 알 수 있다.

* 완료 과거 활용형이다.

죽어가는 사람들이
경배를 바칩니다

~~~~~

Ave Caesar morituri te salutant

영화 〈글레디에이터〉의 압권은 로마 시민들이 콜로세움에서 검투극에 열광하는 장면이다. 글레디에이터를 영어로 쓰면 Gladiator인데, 이 말은 본래 '검'을 의미하는 라틴어 Gladius에서 만들어진 말이다.

라틴어 공부를 하고 있으니 콜로세움이란 말도 살펴보자. 콜로세움의 본래 이름은 '암피테아트룸 플라비움Amphitheatrum Flavium'인데 Amphi-란 말은 '원형'이란 뜻이고, theatrum은 영어의 theatre 극장라는 말이다. Flavium은 콜로세움의 건축을 시작한 베스파시아누스 황제(재위 69년 7월 1일~79년 6월 23일)의 왕조 이름에서 유래했다. 이것이 콜로세움이라고 불리게 된 이유는 근처에 있는 네로 황제의 거대한 청동상^{Colossus Neronis}에서 유래되었다는 설이 유력하다.

소개할 문장은 검투극이 시작될 때 검투사들이 하는 말이다. 검투사들이 원형경기장에 입장하면 그들은 가장 먼저 원형경기장에 있는 가장 높은 사람에게 경배한다. 경배를 받는 사람은 황제가 될 수도 있고 속주의 총독이 될 수도 있다. 검투사들은 열을 맞춰 선 다음에 이렇게 외친다.

Ave	**Caesar**	**morituri**
아베	카이사르	모리투리
만세	황제	죽어갈 사람들이
te	**salutant**	
테	살루탄트	
너에게	경배를 드리다	

영어에는 현재분사와 과거분사가 존재한다. 과거분사[•]는 앞에서 배운 동사형 명사에 만들어진다. 그런데 라틴어는 여기에 미래분사가 하나 더 있다. '죽다'라는 불규칙 동사 morior는 3개의 분사, 즉 현재분사 moriens와 동사형 명사에서 나온 과거분사(morituus, moritua, morituum), 그리고 미래분사 moriturus가 있다. moriturus의 뜻은 '죽어갈'이라는 미래를 나타내며, 남성 명사 -us처럼 복수 주격은 morituri가 되고, 그 뜻도 '죽어갈 사람들'이라는 뜻이 된다.

• 정확한 용어는 수동 완료 과거분사이다.

Ave Caesar에서 Ave는 '만세'라는 뜻이다. 아베 마리아^{Ave Maria}의 그 아베이다. Caesar는 실존 인물 카이사르에서 '황제'라는 보통명사가 된 말이고, 본래는 Caesar 대신에 Imperator^{황제}를 사용한다. Te는 '너를'이라는 직접 목적어인데, '경배를 하다'라는 동사 salutare는 한국어처럼 간접 목적어를 취하지 않고 라틴어에서는 직접 목적어를 취한다.

FLAMMA SEC VIX AN XXX

PVGNAT XXXIIII VICIT XXI

STANS VIIII MIS IIII NAT SYRVS

HVI DELICATVS COARMIO MERENTI FECIT

검투사 플라마는 30년을 살았다.

그는 34번 싸워서 21번의 승리를 거두었고

9번의 무승부 그리고 4번은 패했지만 사면을 받았다.

그는 시라쿠사 출신이었다.

나 델리카누스는 마땅히 그럴 자격이 있는

플라마를 위해 이 비석을 세운다.

이 문구는 어느 검투사의 묘비에 적힌 글이다. 로마인들은 묘비에 글을 적을 때 약자를 많이 사용하였다. 그래서 이 묘비명은 더욱 해석하기 어렵다. 하나씩 단어들을 풀어보기로 하자.

Flamma는 죽은 검투사의 별명인데 영어처럼 '불꽃'을 뜻한다.

SEC은 Secutor, 즉 칼과 방패를 가지고 싸우는 검투사를 말한다. 참고로 Ratiarius는 그물망과 삼지창을 무기로 싸우는 검투사이다. Vix는 '살다' 동사 vivere의 완료 과거 3인칭 단수 Vixit의 준말이고, Pugnat는 '싸우다' 동사 pugnare의 완료 과거형 3인칭 단수 pugnavit를 줄여 쓴 형태이다. Vicit는 '승리하다' vincere의 완료 과거형이다.

다음 단어 Stans는 'Steit Anceps Victoriae'로 '무승부를 유지하다'로 해석할 수 있다. Nat는 '출신'을 의미하고, Syrvs는 시라쿠사 섬 출신인 Syracusanus를 말한다. Mis는 'Missus est' 즉 '사면을 받은'이란 뜻이고, 마지막 문장을 한 단어씩 해석하면 다음과 같은 뜻이 된다.

HVI	DELICATVS	COARMIO
이 사람에게	델리카투스가	비석을
MERENTI	**FECIT**	
마땅히 자격이 있는	세웠다	

결국 Flamma는 35번째 결투에서 목숨을 잃은 것이다.

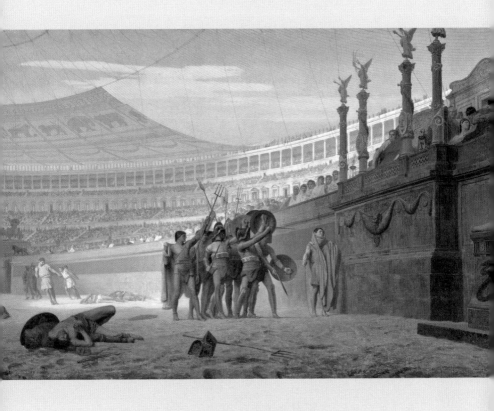

⟨Ave Caesar Morituri te Salutant⟩
장 레옹 제롬Jean-Léon Gérôme, 1859년

카틸리나여, 언제까지
우리의 인내심을 시험하려는가

~~~~

Quousque tandem abutere, Catilina,
patientia nostra

기원전 63년에 키케로는 카틸리나^{Catilina}가 공화정을 전복시키려는 음모를 꾸미자 네 차례에 걸쳐 원로원에서 그를 통렬하게 비난하였다. 카틸리나는 두 번째 집정관에 출마하여 원로원 의원들에게 뇌물을 주며 선거 운동을 하였다. 선거 당일 카틸리나는 자신의 정적인 키케로 일파를 제거하려는 계획을 꾸미지만 이 사실을 안 키케로는 쿠데타를 고발하기 위해 원로원 회의를 소집한다. 그리고 저 유명한 카틸리나 반박문을 원로원에서 발표한다. 1차 반박문의 첫 번째 문장은 다음과 같이 시작한다.

Quousque	tandem	abutere,
쿠오스쿠에	탄뎀	아부테레
언제까지	결국	허비하다
Catilina,	**patientia**	**nostra?**
카틸리나	파티엔티다	노스트라
카틸리나	인내심	우리의

이 문장에서 주의할 단어는 patientia nostra이다. '인내심'을 의미하는 patientia는 1군 여성 명사형인데 그 형태를 보아 주격 혹은 탈격일 것이다. 그렇다면 이 문장에서 주어는 무엇일까?

첫째, patientia가 주어라면 '허비하다' 동사 abutere의 목적어가 없다. 두 번째 설명이 올바른 해석인데 '허비하다'라는 동사 abutere는 abutor 동사의 미래 2인칭 단수이다(불규칙 동사이다). 그리고 이 동사는 목적어를 취할 때 5격인 탈격을 취한다. 그러므로 patientia는 탈격이자 목적어이다.

원로원의 탄핵이 결정되자 카틸리나는 로마를 탈출하여 알프스 산맥을 넘어 갈리아로 간다. 거기에서 반군을 조직하여 저항해보지만 결국 카틸리나를 비롯한 3천 명의 반군은 몰살당한다. 카틸리나의 반란은 선거 때문에 큰 빚을 진 귀족들의 불만이 표출된 사건이었다. 카틸리나 같은 원로원 의원이 빚을 진 이유는 고위 정치인들에게 봉급을 안 주었던 공화정 시스템도 한몫을 했다.

전쟁은 달콤하다,
전쟁을 겪어보지 못한 이들에게는

~~~~

Dulce bellum inexpertis

로마는 왕정에서 시작하여 공화정을 거쳐 제정으로 국가의 틀을 완성하였다. 도시 국가에서 출발한 로마는 이탈리아 반도를 통일하고, 다시 지중해의 패자를 거쳐 유럽과 아시아, 그리고 아프리카와 중동 지방에 이르는 대제국을 건설하기까지 수많은 전쟁을 치렀다.

아우구스투스가 초석을 놓은 로마 제국은 칼리굴라와 네로 같은 폭군이 등장하여 위기를 겪기도 했지만, 폭군 도미티아누스 황제(재위 81~96년)를 끝으로 플라비아누스 왕조는 막을 내린다. 이후 60대에 황제에 오른 네르바(재위 96~98년)를 시작으로 5명의 걸출한 황제가 연이어서 제국을 통치하는데, 이 시기를 오현제의 시기(96~180년)라고 부른다.

이 시기는 진정한 팍스 로마나^{Pax Romana}가 완성된 시기이다. 오현제의 시대가 태평성대를 누린 것은 유능한 인물에게 황제의 자리를 물려주었기 때문이었다. 네르바에서 시작하여 트라야누스, 하드리아누스, 안토니우스 피우스 그리고 마지막 오현제인 마르쿠스 아우렐리우스에 이르기까지 황제들은 유능한 인재를 선택하여 제위를 물려주었다. 그런데 오현제의 마지막 황제인 아우렐리우스만이 친자식인 콤모두스에게 제위를 물려주었다. 영화 〈글레디에이터〉의 망나니 콤모두스 말이다. 철인^{哲人} 아버지에서 그런 망나니 같은 자식이 나오다니….

오현제 중에서 가장 큰 전쟁을 벌인 황제는 트라야누스였다. 그는 지금의 루마니아 지방인 다키아 원정에 대규모의 군단을 이끌고 승리하였다. 하지만 그 뒤를 이은 하드리아누스 황제는 전임자와는 다른 대외 정책을 펼친다. 제국의 영토를 축소하여 가급적 정복 전쟁을 줄여나갔다. 전쟁을 많이 할수록 방어해야 할 영토는 많아지고 제국의 적들도 그만큼 늘어나기 때문이었다. 아마도 하드리아누스 황제는 이 격언을 곱씹어 보았던 것이 아니었을까?

Dulce	bellum	inexpertis
둘케	벨룸	인엑스페르티스
달콤한	전쟁	경험이 없는 자들에게

형용사 dulcis^{달콤한}의 곡용은 다소 복잡하다(부록 ⓐ-10). dulcis는 남성과 여성형이 같지만 중성형은 다르다. 본문에서 bellum^{전쟁}

이 중성 명사 단수 주격이므로 중성 형용사의 주격인 dulce가 수식하고 있다. 마지막 단어인 inexpertis는 형용사 inexpertus경험이 없는의 복수 여격, 즉 '경험experience이 없는 자들에게'라는 뜻이다.

최고 사령관은
선 채로 최후를 맞이한다

~~~~

Imperator stans mori oportet

폭군 네로가 몰락하자 제국은 극심한 혼란의 소용돌이에 빠졌다. 여러 명의 군인 출신 황제들이 난립하였는데, 그 와중에 제 2 아우구스타 군단장 출신의 베스파시아누스^{Vespasianus}가 황제에 오른다. 검소하고 소탈한 그는 평민 출신으로 오랜 세월 공직을 거친 베테랑이었다. 네로 황제 시절에는 연회에서 네로가 시를 읊을 때 졸았다는 이유로 유배길에 올라 양봉으로 세월을 보냈다. 그후 유대 지방에서 반란이 일어나자 네로 황제는 그를 다시 불러 중용한다.

또한 베스파시아누스 황제는 뚝심이 있는 사람이었다. 황제가 된 후에도 원로원은 공화정으로 회귀하자는 주장을 굽히지 않았는데, 베스파시아누스는 "그런 말을 하면 황제인 나에게 처형당할 수도 있지만, 나는 개가 깽깽거린다고 그 개를 죽이지는 않는다"
라고 말해 원로원 의원들의 간담을 서늘하게 만들었다.*

베스파시아누스 황제하면 떠오르는 유명한 일화가 있다. 황제
는 서기 74년에 로마시에 유료 화장실을 설치했다. 요즘도 프랑
스 파리에는 유료 화장실이 많은데 그 역사는 로마 시대까지 거
슬러 올라간다. 아들 티투스도 원로원 의원들처럼 화장실에서 세
금을 거둘 것까지 있느냐고 비아냥거렸다. 그러자 황제는 은화 한
잎을 아들에게 던지며 냄새를 맡아보라고 말했다. 티투스가 아무
냄새도 안 난다고 말하자 황제는 "돈에서는 냄새가 안 난다Pecunia
non olet"라고 응수했다고 한다.

베스파시아누스 황제는 마음에 여유가 있고 농담을 즐기는 사
람이었는데, 여기에서 살펴볼 말은 "황제는 침대에서 죽지 않는
다"와 함께 유명한 격언으로 지금까지 내려오고 있다.

Imperator	stans	mori	oportet
임페라토르	스탄스	모리	오포르테트
사령관	서 있는	죽다	~해야 한다

영어로 '황제'를 의미하는 emperor는 프랑스어 emprereur에서
왔는데, 프랑스어 역시 그 뿌리는 오늘 배우는 imperator이다. 라
틴어의 1군 동사 imperare는 '명령하다'라는 뜻인데, 여기에서 명
령을 내리는 사람, 즉 '군단의 사령관'이라는 imperator가 만들어

• 《로마, 천 년의 지식사전》, 밀리언하우스, 2005년, 284쪽

베스파시아누스 황제의 프로필이 주조된 금화.
VESPASIANUS 베스파시아누스 AVG(USTUS)아우구스투스 IMP(ERATOR)황제 CAESAR 카이사르
라고 적혀 있다.

지고, 공화정에서 제정으로 로마의 정체가 바뀌면서 '황제'라는
의미가 생겨났다. 또한 '황제의 통수권을 받는 것'이라는 중성명사
Imperium제국도 만들어진다.

　　두 번째 단어 stans는 1군 동사 stare서 있다의 현재분사형이므로
'서 있는standing'이란 뜻이 된다. 마지막 단어는 '~해야 한다'라는
동사 oportere(부록 ②)의 3인칭 단수인데, 조동사의 역할을 하므
로 앞에 놓인 mori가 '죽다' 동사 morior(1인칭 단수 현재)의 원형
이다. 그러므로 마지막 두 단어는 '죽어야 한다'로 해석한다. 전체
적인 해석은 "사령관은 선 채로 죽어야 한다"이다.

다른 이들은 전쟁을,
행복한 오스트리아여, 너는 결혼을

~~~

Bella gerant alli, tu felix Austria nube

유럽의 왕조는 그 뿌리가 깊다. 그중에서도 오스트리아의 합스부르크 왕조는 프랑스를 제외한 대부분의 왕조에서 국왕을 배출할 정도로 그 영향력이 막강하였다. 알프스의 작은 백작령에서 시작한 이 집안은 마침내 16세기 카를 5세(재위 1519~1556년) 때는 유럽의 패자가 되었다. 카를 5세가 군주로 있던 왕국과 제후들의 타이틀을 열거해보면 끝이 없을 정도이다. 신성 로마제국 황제, 이탈리아 왕, 오스트리아 대공, 스페인 왕, 네덜란드 영주, 부르고뉴 공이 그가 생전에 가지고 있던 타이틀이었다. 프랑스의 동북부 지방인 부르고뉴 공작령을 합치면 북유럽과 프랑스를 제외한 유럽의 대부분을 아우르고 있다.

합스부르크 왕조가 이렇게 유럽의 패자가 될 수 있었던 것은 전쟁이나 외교를 통한 영토 확장이 아니었다. 전통적으로 이 왕조는 정략결혼을 통하여 영향력을 확장해 나갔다. 여기에서 배우는 문구는 합스부르크 왕가의 외교 전략을 잘 보여주고 있다.

Bella	**gerant**	**alii,**	**tu**
벨라	게란트	알리	투
전쟁을	하다	다른 이들이	너
felix	**Austria**	**nube**	
펠릭스	아우스트리아	누베	
행복한	오스트리아는	결혼해라	

Bella는 전쟁을 의미하는 Bellum의 복수 대격이다. '아름다운'의 여성 형용사 bella와 혼동하면 안 된다. Gerant는 '수행하다'라는 뜻의 gerere(부록 **3**) 동사의 3인칭 복수이다. Alii는 '다른 이'를 의미하는 alius의 복수 주격, 즉 '다른 사람들은'이라는 뜻이다. 그러므로 첫 번째 문장은 '전쟁은 다른 사람들이 하고'라는 뜻이 된다. 마지막 단어인 nube는 '결혼하다' 동사 nubere(부록 **3**)의 단수 2인칭 명령형이므로, '행복한 오스트리아, 너는 결혼해라'라는 뜻이다. 즉 다른 나라들이 전쟁을 할 동안 오스트리아의 합스부르크 왕조는 정략결혼을 통해서 왕권을 확장한다는 뜻이다.

알프스의 작은 제후국에서 시작한 합스부르크 왕실은 마침내 오스트리아와 스페인까지 통합한 강력한 제국을 이루게 된다. 하지만 산이 높으면 골이 깊은 법이다. 결혼을 제국의 팽창 수단으로 이용한 것까지는 좋았지만, 그 결혼은 대부분 근친혼이었다.

실제로 카를 5세의 딸 마리아 공주는 숙부인 페르디난트 1세의
아들과 결혼했다. 그나마 이 결혼은 나은 편이다. 카를 5세의 아
들 펠리페 2세는 자신의 동생인 마리아의 딸 안나와 결혼한다. 다
시 말하면 삼촌과 조카딸의 결혼이다. 결국 이러한 근친혼은 유전
적인 병을 유발하여 스페인의 합스부르크 왕조는 1700년 카를로
스 2세를 끝으로 맥이 끊어졌다.

장님 나라에서는
애꾸가 왕

~~~~

In regione caecorum rex est luscus

에라스무스가 살았던 시기의 영국은 헨리 8세의 통치 시기와 겹친다. 헨리 8세가 누구인가? 왕비의 시종인 앤 불린과 사랑에 빠져 전처인 캐서린을 내친 군주이다. 헨리 8세는 앤과의 결혼을 위해 캐서린과 이혼하려 했지만 가톨릭에서 이혼은 불가능했다. 결국 그는 영국 성공회의 수장이 되고 로마 가톨릭과 절연을 한다.

헨리 8세가 즉위하던 그해 영국 왕실의 실력자도 역사의 무대에 올라온다. 그의 이름은 토마스 울시, 왕의 개인교사였다. 그는 헨리 8세의 첫 번째 총리로 임명되어 막강한 권력을 휘두른다. 당시 영국인들은 그를 '또 다른 왕Alter rex'이라고까지 불렀다.

소개하고자 하는 이 표현은 에라스무스와 영국의 시인 존 스켈

톤John Skelton의 만남에서 유래했다. 그는 당시 울시 추기경을 빗대어 다음과 같은 시를 썼다.

> 그의 야망은 하늘을 찌르고
>
> 수치심도 없고 사악하기까지 하다.
>
> 게다가 얼마나 미신을 신봉하는가.
>
> 그런 자신을 인식하지 못하는 인간…

헨리 8세가 왕위에 오르기 전에 본래 스켈톤이 그의 개인 교사로 내정되어 있었지만 울시에게 그 자리를 빼앗기고 만다. 그리고 울시가 추기경에 오르자 그는 투옥되어 두 사람의 관계는 악연으로 끝난다.

스켈톤과 친분이 있던 에라스무스는 스켈톤의 얘기를 듣고 무소불위의 권력을 휘두르는 울시를 '장님 나라의 애꾸'에 비유했다. 왕의 총애를 한 몸에 받는 울시 추기경에게 차마 직언할 수 없었던 사람들은 모두 장님이고, 애꾸인 울시가 또 다른 왕으로 군림하고 있었던 것이다. 이 표현은 압제에 시달리며 바른 소리를 못하는 민중들과 독재자를 빗대어 자주 사용하는 표현이다.

In	regione	caecorum
인	레기오네	카이코룸
에서	고장	장님들의
rex	**est**	**luscus**
렉스	에스트	루스쿠스
왕	～이다	애꾸가

'고장'을 뜻하는 regio는 3군 여성 명사 곡용(부록 ❸-1)을 하고, '눈먼'을 나타내는 caecorum은 형용사 caecus(남성), caeca(여성)만 존재하고 중성은 없다. 왜냐하면 생명이 없는 중성 명사는 눈이 멀 수 없기 때문이다. rex도 3군 곡용명사이고, 마지막 단어 luscus는 '애꾸'라는 의미이다.

이곳에 들어오는 자들에게 평화
나가는 자들에게는 안녕

~~~~

Pax intrantibus, salus exeuntibus

로마 제국의 최대 판도는 트라야누스 황제 때이다. 이때 로마의 인구는 100만 명에 이르렀다고 한다. 로마는 거대한 제국의 수도로 많은 사람들이 거주했지만 주택은 턱없이 부족했다. 그래서 오늘날로 치면 아파트에 해당하는 인술라^{Insula}를 도시의 곳곳에 건축하였다. Insula는 '섬'이라는 말이다. 도심 속의 아파트가 마치 섬처럼 고립되듯이 고대 로마인들도 집단 거주 주택을 '섬'이라고 불렀다.

주로 서민들이 거주하던 인술라에 비해 귀족들은 도무스^{Domus}라고 불리는 정원이 딸린 저택에 살고 있었다.

인술라의 가격은 층마다 달랐다. 요즘 같으면 전망이 좋은 고층이 비쌀 테지만, 당시 고층은 오르내리기가 힘들고 화재가 나면 위험해서 가장 쌌다. 1층은 귀족들이 도무스처럼 사용하기도 했지만 주상복합아파트처럼 상점들이 들어서 있었다. 로마의 풍자 시인 유베날리스는 인술라에 화재가 난 상황을 이렇게 묘사하고 있다.

> 벌써 3층까지 불이 붙었어. 넌 말야. 넌 절대 나갈 수 없어. 1층부터 서로 떠밀고 난리법석이라고. 최후에 구워질 자가 누군지 알아? 초췌한 비둘기들이 알을 까러 오는 지붕 밑에 살며 겨우 비나 피했던 더없이 가여운 자라고.•

건축 구조상 인술라는 고층에 석재 같은 무거운 자재를 사용할 수 없었으므로 진흙 같은 재료를 사용했다. 그리고 불법 증축 등으로 인술라는 언제나 붕괴의 위험을 안고 있었고, 주민들이 사용하는 촛불과 등불 등으로 항상 화재의 위험에 노출되어 있었다. 시인 유베날리스는 한 번이라도 화재나 붕괴의 위험이 없는 집에서 자는 것이 소원이라고 말하기도 하였다.

여기에서 살펴볼 문장은 고대 로마인들이 인술라를 드나드는 사람들에게 안전을 기원하는 말이다.

• 《고대 로마의 일상 생활》, 제롬 카르코피노, 우물이 있는 집, 2003년, 178쪽

1893년 폼페이에서 발굴된 아트리움Atrium

도무스의 응접실이다. 저택을 발굴한 고고학자가 이 당시에 결혼 25주년이었다고 해서

은혼식의 저택House of Silver Wedding이라는 이름이 붙었다.

Pax	**intrantibus,**	**salus**	**exeuntibus**
팍스	인트란티부스	살루스	엑세운티부스
평화	들어오는 자들에게	안녕	나가는 자들에게

Intrantibus는 '들어오다' 동사 intro의 현재 분사형 intrans의 복수 여격이므로 '들어오는 사람들에게'로 해석되고, exeuntibus는 '떠나다' 동사인 exeo의 현재분사 exiens의 복수 여격이므로 '떠나는 자들에게'로 해석하면 된다.

법이 통하는 곳이
시민들이 잘 살 수 있는 곳이다

~~~~~

Ubi leges valent, ibi populus potest valere

로마는 모든 것이 법에서 시작되고 법에 의해 판단되던 사회였다. 로마 공화정 시대에는 콘술Consul이라 불리는 두 명의 집정관이 있었는데, 정무관 중에서 가장 높은 관직이다. 집정관은 행정 및 군대를 지휘하였으며 전쟁이 일어나면 2명 중 1명의 집정관은 전장으로 나갔다. 집정관의 임기는 1년이며 한 달식 교대로 정무를 수행했다. 2명의 집정관을 선출한 것은 권력이 한 사람에게 쏠리는 것을 방지하기 위함이었다. 집정관이 가진 가장 중요한 권력은 군대의 지휘권인 임페리움Imperium이었다. 릭토르Lictor라는 무기를 든 12명의 병사가 집정관을 호위했는데 일종의 경호부대인 셈이었다.

로마에서 정계에 진출하여 정무관이 되려면 우선 입후보를 해야 한다. 후보자는 백색의 토가^{Toga}를 걸치고 시민들 앞에서 연설을 했는데, 그런 후보를 candidatus라고 불렸다. 영어로 '후보'를 candidate라고 하는데 그 뜻은 '하얀 토가를 걸친 후보'라는 의미이다.

정무관이 되려는 사람들은 자신을 후원하는 클리엔테스^{Clientes}라는 평민 집단을 가지고 있었다. 클리엔테스의 반대편에 있는 귀족들은 파트로네스^{Patrones}라고 불렸는데, 그들은 클리엔테스가 경제적 혹은 법적 어려움을 겪을 때 도와주었다. 반대로 클리엔테스는 파트로네스의 정계 진출을 적극적으로 도와야 한다. 다시 말해 이들은 상부상조의 관계에 있었던 것이다.

로마인들이 만든 법의 골격이 이후 유럽 각국의 모범이 된 이유를 다음과 같이 설명할 수 있다.[*]

첫 번째는 로마법의 명료성이다. 로마법에는 어떤 상징도 허용되지 않았으며 반복되거나 사족 같은 내용이 없었다.

두 번째는 로마법이 잔혹하지 않았다는 것이다. 모든 법률은 철저한 절차에 의해 집행되었으며, 사형도 예외일 수는 없었다. 자유민에게는 고문을 가할 수 없다는 원칙이 로마법의 출발점이었는데, 이 원칙을 다른 민족들이 실행에 옮기기까지는 수천 년이 걸렸다. 라틴어 원문을 보자.

[*] 한동일, 《법으로 읽는 유럽사》, 글항아리, 2018년.

Ubi	leges	valent,	
우비	레게스	발렌트	
~곳	법이	통하다	
ibi	populus	potest	valere
이비	포풀루스	포테스트	발레레
~곳	시민들이	~할 수 있다	잘 살다

Ubi는 영어의 where에 해당하고, leges는 lex법의 복수 주격이다. Valent는 동사 valere의 현재 3인칭 복수인데 '강해지다'라는 뜻이다. 로마인들이 편지에 인사말로 "네가 잘 지내면 나도 잘 지내"라고 말할 때 Si vales valeo라고 말한다. Potest는 possum 동사의 3인칭 단수이다.

신의 뜻대로

신이 없으면
영혼은 착해질 수 없다

~~~~

Sine deo animus non potest bonus esse

인간은 불완전한 존재이다. 인간은 혼자 사는 것이 불안해서 사회를 만들고, 죽음이 두려워 신을 만들었다고 말하기도 한다. 인간은 신이 제시한 길을 따라가며 실수를 범하지 않으려고 최대한 노력한다.

미국의 신화학자 조셉 캠벨은 미국에 범죄가 많이 발생하는 이유를 미국인에게 신화가 없다는 데에서 찾았다. 정신세계가 피폐해지는 이유를 신화의 부재에서 찾은 것이다.

그렇다면 고대 로마인들은 신을 어떻게 생각했을까? 로마는 다신교를 믿는 국가였다. 우주의 순환은 수많은 신들의 질서 안에서 일어나고 있었으며, 다른 민족을 정복할 때에도 타민족의 신을

자신들의 신으로 받아들였다. 지금도 로마에 가면 판테온^{Pantheon}
이 있는데 Pan은 '모든'이란 뜻이고 theon은 그리스어로 '신'을 의
미한다. 즉 판테온은 만신전으로 번역된다.

유일신을 섬긴 유대인들과는 달리 고대 로마인들이 실용적인 사
상을 지닌 것은 다신교를 섬겼던 배경이 한몫했을 것이다. 로마인
들에게 신이란 인생을 살아가는 데 필요한 지침서 정도였다고 할까?

성서에 보면 "인간은 빵으로만 살지 않고 하느님의 입에서 나
오는 모든 말씀으로 산다"라는 말이 있다. 이 말은 물질세계가 충
만해지면 질수록 인간의 영혼은 점점 황폐해질 수 있다는 것을
경고하고 있다. 하지만 우리의 일상은 "충분한 돈이 있으면 빵뿐
만 아니라 말씀까지 덤으로 가질 수 있다"라는 배금주의에 빠져
있는 것이 사실이다.

로마의 태평성대를 이끌었던 철인^{哲人} 황제 아우렐리우스도
《명상록》에서 우주와 자신 안에 있는 것 중에서 가장 강력한 것
은 신이라고 강조하고 있다. 이 말은 인간은 나약한 존재이기 때
문에 신이라는 절대자에게 복종하며 선행을 베풀어야 한다는 말
로 해석할 수 있을 것이다.

13세기 페르시아의 한 시인도 "내게 두 덩어리의 빵이 있다면
하나는 팔아 내 영혼을 살찌우기 위해 히아신스를 사겠네"라고
말했다. 인간이 빵으로만 살 수 없다는 진리는 동서고금을 막론하
고 지금도 우리의 영혼을 지배하고 있다.

로마의 철학자 세네카가 신에 대해 남긴 라틴어 경구를 살펴
보자.

Sine	deo	animus	non
시네	데오	아니무스	논
~없이	신	영혼은	~아니다

potest	bonus	esse
포테스트	보누스	에세
할 수 있다	착한	~이다

    신을 의미하는 명사 deus는 -us로 끝나는 남성 명사인데 앞에서 이미 공부한 바 있다. 이 문장에서 맨 앞에 나오는 sine는 전치사인데 영어로 without에 해당한다. 그런데 이 전치사는 항상 5격, 즉 탈격만 취한다. 그러므로 sine 다음에는 deo가 나와야 한다. 두 번째 보이는 명사는 animus인데 곡용의 유형은 amicus와 동일하고, 그 뜻은 단수일 경우 영혼과 정신을, 복수일 경우 용기나 고귀한 정신을 의미한다.

    여기서는 조동사 possum 동사에 대해 설명해보자. 영어의 be 동사에 해당하는 esse 동사는 이미 배웠는데, possum 동사의 원형에는 esse의 1인칭 단수인 sum이 보인다. 영어의 조동사 can에 해당하는 possum 동사의 활용을 보자.

인칭	현재 활용형
Ego 나	possum
Tu 너	posses
is 그	**potest**
nos 우리	possumus
vos 너희	potestis
ii 그들	possunt

이 표에서 보듯이 sum의 원형은 esse이므로 possum의 원형은 posse가 된다. 그리고 possum 동사의 활용형은 esse의 활용형에 pos-와 -pot(모음이 올 경우)가 앞에 붙으면 된다. 이 동사는 조동사이므로 뒤에 동사 원형을 취한다.

예문을 하나 만들어 보자. "나는 너를 사랑할 수 있다"는 문장을 라틴어로 작문해보면 "Possum te amare"가 된다. Te는 '너를'이고, '사랑하다' 동사의 원형은 amare이다. 영어에는 possum에서 파생된 말이 많은데 possible, puissant, potential 같은 많은 말들이 라틴어에서 영어로 들어갔다.

유대인들의
왕 나사렛 예수

~~~~~

Iesus Nazarenus Rex Iudaeorum

로마 제국이 세력을 팽창하던 서기 2세기 초반, 하드리아누스 황제는 반란을 일으킨 모든 유대인들을 예루살렘에서 추방하였다. 이것을 그리스 말로 디아스포라^{Diaspora}라고 부르는데, 그 뜻은 '흩뿌리거나 터트리는 것'을 말한다. 잘 알고 있는 것처럼 예수는 디아스포라 이전에 예루살렘의 골고다 언덕에서 십자가에 못 박혔는데, 당시 로마 총독은 십자가에 히브리어, 그리스어 그리고 라틴어로 명패를 붙였다. 명패에 적힌 약어 INRI를 정확히 풀어 보면 "IESVS NAZARENVS REX IVDÆORVM"가 된다.

그렇다면 왜 유대인들은 예수를 로마 총독에게 고발했을까? 유대인들은 오래전부터 자신들을 이민족의 압제에서 해방시켜줄

수 있는 메시아를 기다려왔다. 그들이 원했던 메시아는 다윗왕처럼 영웅 같은 존재였다. 하지만 예수는 그런 메시아로 비춰지지 않았다. 게다가 유대의 율법학자들은 예수가 율법을 지키지 않는다고 격렬하게 비난했다. 결국 유대인들이 기다렸던 메시아는 정치적 메시아였지, 예수처럼 인간의 영혼을 사랑으로 구원해주는 메시아가 아니었던 것이다.

이 글의 제목에는 Iesus Nazarenus Rex Iudaeorum라고 옮겼지만 서기 1세기 라틴어 철자 체계로 정확히 옮긴 것은 IESVS NAZARENVS REX IVDÆORVM이 맞다. 왜 이런 차이를 보이는 것일까?

우선 실제로 라틴어에는 소문자가 없었고 대문자만 있었다. 로마 알파벳의 소문자가 사용되기 시작한 것은 중세 이후이다. 그리고 철자 u와 v의 구별은 되지 않았고 대문자 V만 존재하였다. 끝으로 철자 J는 로마 시대에는 없었고 16세기에 처음으로 인쇄업자들이 만들어 사용하였다. 그러므로 당시의 철자상 특징들을 종합하면 예수의 라틴어 표기는 지금처럼 Jesus가 아니라 IESVS가 된다.

Iesus	**Nazarenus**	**Rex**	**Iudaeorum**
예수스	나자레누스	렉스	유다이오룸
예수	나사렛의	왕	유다인들의

라틴어 문장을 보면 먼저 Iesus는 남성 고유명사이므로 Nazarenus라는 남성 형용사가 뒤따르고 있다. 만약 나사렛 사람 마리아를

가리키면 Maria Nazarena라고 말해야 한다. 그 다음에 보이는 단어는 Rex인데 이 명사는 corpus처럼 3군 곡용을 하는 명사이다 (부록 ❸-1). 본문에 사용된 rex는 주격 단수이다.

격	단수	복수
주격	**rex**	reges
소유격	regis	regum
여격	regi	regibus
대격	regem	reges
탈격	rege	regibus

끝으로 Iudaeorum은 유다 지방을 뜻하는 여성 명사 Iudae의 복수 2인칭 소유격이다. 여성 명사 porta의 복수 소유격이 portarum이 되는 것과 마찬가지이다. 라틴어는 형용사가 후치하기 때문에 '유대(인)의'를 의미하는 Iudae의 복수 소유격이 뒤에 놓인 것이다. 영어로 번역하면 Juda's king이 되지만 라틴어는 소유격 Juda's가 뒤에 온다.

체코 프라하 카를 다리의 INRI

그리고 태초에 하느님은
물들을 바다라 하였다

~~~~

Et Deus aquas maria in principio appellavit

고대 이집트인들은 심장이 생각의 원천이고 목소리는 신들의 생명과 호흡을 상징한다고 믿었다. 그런 이유에서 이집트 신화에서 언어가 지진 창조력은 막강하다. 이집트 신화에 나오는 창조와 기술의 신 프타^{Ptah}는 심장과 혀를 통해 신과 인간 그리고 가축과 생명들을 만들었다고 한다.

신화는 돌고 돈다. 고대 메소포타미아의 신화를 보면 하늘신 안^{An}이 활을 들어올려 인간들과 축복의 계약을 맺는다. 이 장면은 대홍수가 지난 후 야훼가 인간들에게 다시는 홍수로 인간을 심판하지 않겠다고 약속하며 그 징표로 무지개를 보여주었다는 장면과 유사해 보인다. 활과 무지개가 신과 인간이 맺은 계약의

매개체로 등장한 것이다.

구약 성경을 신화적 관점에서 살펴보면 "태초에 말씀이 있었다"라는 구절은 이집트 신화에서처럼 언어가 지닌 창조성을 잘 보여준다. 라틴어로 옮기면 In principio erat verbum이 된다. erat 는 esse 동사의 미완료 과거 3인칭 단수이고, verbum은 말씀으로 해석한다.

구약에서 조물주가 천지를 창조하는 첫째 날에 "빛이 있으라"고 말하자 빛이 생겨났고, 하늘과 땅도 조물주의 말로 만들어졌다. 소개할 구절은 창세기^{Genesis}에서 가져왔다.

Et	Deus	aquas	maria
에트	데우스	아쿠아스	마리아
그리고	신이	물들을	바다라고

in principio	appellavit
인 프린키피오	아펠라비트
태초에	불렀다

Deus는 Amicus와 같은 2군 곡용명사이고, '물'을 의미하는 aquas는 여성 명사 aqua의 복수 대격이다. 물질 명사의 복수형이 어색하지만 '많은 물'이라고 생각하면 될 것 같다. In principio는 숙어 표현으로 '처음에'라는 뜻이고, 마지막에 나오는 동사 appellare 는 1군 동사이고 -vit는 완료 과거 3인칭 단수의 어미이다. 즉 '불렀다'라는 뜻이다.

3군 곡용 중성 명사인 mare의 곡용표는 다음과 같다. 표에서 굵은 표시로 된 maria가 본문에 나오는 maria이다. 본래 appellare

동사는 'A를 B로 부르다'라는 구문을 취할 때 B의 자리에는 대격이 와야 한다. 본문의 aquas가 복수 대격이므로 maria도 복수 대격으로 일치시켜야 한다.

격	단수	복수
주격	mare	maria
소유격	maris	marium
여격	mari	maribus
대격	mare	**maria**
탈격	mari	maribus

하늘에 있는 주님께는 영광,
땅에 있는 착한 인간들에게는 평화

~~~~

Gloria in altissimus Deo et in terra pax
in hominibus bonae voluntatis

서기 476년 서로마 제국이 게르만족의 침입으로 멸망하자 제국은 무정부 상태에 빠졌다. 동쪽으로는 시리아의 안티오키아에서 북쪽으로는 브리타니아의 런던까지 연결된 로마 가도는 끊기고 말았다. 천 년 동안 지속되었던 찬란한 로마 문명은 만족의 약탈과 파괴로 쓰러졌다. 그중에서도 로마의 각 속주민들을 이어주던 언어, 즉 라틴어는 사어死語의 길로 접어들었다. 그 대신 각 지방에서 새로운 언어들이 생겨났는데, 프랑스 지방에서는 지금 프랑스어의 모태가 형성되고, 스페인과 다른 속주에서도 새 언어가 생겨났다.

하지만 라틴어는 중세 유럽에서 죽은 언어가 아니었다. 교회는 모든 미사에서 라틴어를 사용하였고, 대학도 마찬가지였다. 우리나라의 경우도 가톨릭 미사는 제2차 바티칸 공의회(1962~1966년) 이전까지는 모든 미사를 라틴어로 올렸다. 하지만 제2차 바티칸 공의회 이후 현지어를 미사에 사용할 수 있게 되었다.

하지만 라틴어는 여전히 기독교의 성경에 살아남아 있다. 우리에게 잘 알려진 라틴어 성경 구절을 소개하고자 한다.

Gloria	**in**	**altissimis**	**Deo**	**et**
글로리아	인	알티무스	데오	에트
영광	가장	높은 곳에	신에게	and
in terra	**pax**	**hominibus**	**bonae**	**voluntatis**
인 테라	팍스	호미니부스	보나이	볼룬타티스
땅에는	평화	인간들에게	착한	의지의

먼저 라틴어 형용사의 최상급을 알아보자. 서양 언어들은 영어처럼 형용사 뒤에 -er 혹은 -est가 붙어 비교급과 최상급을 만든다. 라틴어의 경우도 비교급은 -or이 붙고 최상급은 -ssimus가 붙는다. 그러므로 altius의 비교급은 altior가 된다.

형용사 altus의 최상급은 altissimus, altissima, altissimum이 되고, 곡용은 bonus, bona, bonum과 같다. 본문에 나온 altissimis는 중성 최상급 altissimum의 복수 5격, 즉 탈격인데 전치사 in이 탈격을 요구하기 때문이고, '가장 높은 곳the hightest'이라는 의미이다.

• '가장 높은 곳'을 의미하는 excelsis로 더 잘 알려져 있다. 이 책에서는 최상급을 설명하기 위해 휠록의 책에 나오는 altissimis를 선택하였다.

Deo는 Deus의 3격(여격)이며 '신에게', in terra는 '땅에 있는'이라는 뜻이다.

Hominibus bonae voluntatis에서 hominibus는 'to the men of good will'이라는 말이므로 그 격을 맞추면 'to the men'에 해당하는 hominibus는 복수 3격, 즉 여격이고, 'of good will'을 라틴어로 번역하면 단수 2격(소유격)인 bonae voluntatis가 된다.

그러므로 예문을 정확히 격에 따라 해석하면 "가장 높은 곳에 있는 주님에게는 영광, 땅에 있는 선한 의지의 인간들에게는 평화"가 된다.

음악 용어는 대부분 이탈리아어인데 pianissimo는 '작게'라는 piano의 최상급이고, fortissimo는 '큰'이라는 forte의 최상급이다. 이탈리아어는 할아버지뻘 되는 라틴어의 문법을 아직도 잘 보존하고 있는 셈이다.

신의 은총을 받은 자
일찍 죽나니

~~~~~

Quem di dilignt adulescens moritur

음악의 신동 볼프강 아마데우스 모차르트Wolfgang Amadeus Mozart
는 35년의 생애를 살다가 갔다. 그는 5살 때부터 작곡을 시작했
으며, 이후 수많은 교향곡과 오페라 등을 작곡하였다. 신은 인간
에게 일정량의 능력을 준다. 그런데 그 능력을 어떤 사람은 평생
동안 사용하고, 또 어떤 사람은 짧은 기간에 다 써버리는 경우가
있다. 모차르트는 아마 후자에 속한 사람일 것이다.

그의 이름 중간에는 세례명 아마데우스Amadeus가 보인다. 이
책의 독자들은 이제 그 뜻을 짐작할 수 있으리라. Ama는 amare
동사의 뿌리로 명령법 ama와 그 형태가 같고, deus는 '신'이라는
뜻으로 여러 번 앞에서 나왔다. 즉 '신이 사랑한 자' 혹은 '신을 사

랑하라' 정도의 뜻이 될 것이다.

모차르트는 생전에 음악가로 성공한 인생을 살았지만, 반 고흐의 경우는 37세로 자살할 때까지 평생 자신의 가치를 인정받지 못한 예술가였다. 모차르트가 신이 준 능력을 지상에서 한껏 발휘하고 신의 부름을 받아 일찍 세상을 떠났다면, 고흐는 신이 부여한 시간을 스스로 거부하고 세상을 떠난 불운의 예술가이지 않을까? 만약 아버지의 뜻대로 목사가 되었다면 고흐는 행복한 삶을 살았을까? 인생은 신이 인간에게 무엇을 주었는지 알 수 없는 상태에서 살아가는 것일지도 모른다.

살펴볼 라틴어 격언에는 앞에서 이미 소개한 관계 대명사 qui가 나온다(ⓐ-8). 본문에 사용된 형태는 단수 대격의 quem인데, 영어의 whom에 해당된다. 두 언어의 목적어에 '-m'이 붙은 것은 두 언어가 먼 친척이기 때문이다. 지금까지 배운 명사들의 대격이 모두(일부 명사는 제외) '-m'으로 끝나는 것을 상기하자.

라틴어 원문을 보자.

Quem	**di**	**diligunt**
쿠엠	디	딜리군트
~를	신들이	사랑하다
adulescens	**moritur**	
아둘레스켄드	모리투르	
젊은이	죽다	

이 문장을 조금 더 쉽게 이해하려면 영어 해석문 "Whom the gods love die young"을 보면 된다. 명사 di는 deus의 복수 주격

이고 diligunt는 앞에서 나왔듯이 '사랑하다' 동사 diligere(부록 ❷)의 3인칭 복수 현재형이다. 그리고 adulescens는 '젊은이'를 의미하고 moritur는 불규칙 동사 mortior(죽다)의 단수 3인칭 현재형이다.

아버지 제 영을
아버지 손에 맡깁니다

~~~~

Pater, in manus tuas commendo
spiritum meum

예수는 지금의 팔레스타인 지방인 갈릴리에서 태어났다. 당시 유대 지방은 로마의 총독이 다스리는 속주였다. 로마인들은 자신들의 언어인 라틴어를 공용어로 사용하고 있었는데, 예수가 살았던 서기 30년 전후의 유대인들은 어떤 말을 쓰고 있었을까?

일단 예수는 유대인이었으므로 히브리어를 이해했을 것이다. 그런데 예수가 제자들과 대화를 나누거나 설교를 할 때 사용하던 말은 히브리어가 아니라 아람Aram 말이었다. 아람 민족은 이스라엘 민족의 열두 조상 중의 한 갈래로 북시리아 지방에 정착했던 민족이었다. 아람어는 시리아 지방을 중심으로 팔레스타인 지방까지 널리 사용되던 언어였다. 아람어는 이스라엘 사제와 귀족의 언어로 통용되었고, 히브리말은 일반 민중들의 언어였다는 것이 학자들의 견해이다.

예수는 십자가에 못 박히고 죽을 때까지 일곱 마지막 말을 아람어로 성경에 남겼다.

- 아버지, 저들을 용서하십시오, 저들은 자기들이 무엇을 하는지 모릅니다.
- 오늘 너는 나와 함께 낙원에 있을 것이다.
- 이 사람이 당신의 아들입니다. 이분이 네 어머니시다.
- 저의 하느님, 저의 하느님, 어찌하여 저를 버리셨습니까?
- 나는 목마르다.
- 끝났다.
- 아버지, 제 영을 아버지 손에 맡깁니다.

이 마지막 일곱 말들이 모두 예수가 아람어로 말한 것들이다. 그중에서 4번째 말은 아람어로 "엘리 엘리 레마 사박타니"인데, "저의 하느님, 저의 하느님, 어찌하여 저를 버리셨습니까?"라고 성경에 적혀 있다.

예수의 마지막 말을 라틴어로 배워보자. 본래 성경은 히브리어로 적힌 것을 그리스어로 번역하고, 다시 그것을 라틴어로 번역한 것이다.

Pater,	in manus	tuas
파테르	인 마누스	투아스
아버지,	손에	너의

commendo	spiritum	meum
코멘도	스피리툼	메움
맡기다	영	나의

아버지를 뜻하는 pater는 주격과 형태가 같은 호격이고, 소유격은 pateris가 된다. '정신', '영'을 의미하는 spiritus는 4군 곡용 남성 명사(부록 ❹-1)인데 다음과 같이 곡용을 한다. '손'을 의미하는 manus도 spiritus와 동일하다.

격	단수	복수
주격	spiritus	spiritus
소유격	spiritus	spirituum
여격	spiritui	spiritibus
대격	**spiritum**	spiritus
탈격	spiritu	spiritibus

새 교황이 선출되었습니다!

~~~~

Habemus papam!

    로마 가톨릭의 수장을 교황Papa이라고 부른다. 여성 명사의 형태를 띠고 있지만 사도 베드로가 초대 교황직을 수행한 이래 여성 교황은 한 명도 없었듯이 이 명사는 남성 명사이다. 본래 papa는 그리스 말 πάπας(발음은 파파스)에서 유래하였다. 그 뜻은 아이들이 아버지를 부르는 말이다. 우리말의 아빠와 같다.

    교황의 투표는 Conclave(콘클라베)라고 불리는데 cum(=with)과 clave(=key)가 합쳐진 말로 '열쇠가 있어야 들어갈 수 있는 방'이라는 뜻이다. 다시 말해 교황 선거는 철저하게 폐쇄적인 공간에서 열리는데, 미켈란젤로의 〈천지창조〉가 그려진 시스티나 성당에서 거행된다. 교황은 각국에서 온 추기경들의 무기명 투표로 선출되는데, 투표권을 가진 추기경은 자신의 이름을 쓸 수 없도록 투표 용지가 제작되어 있다. 투표용지 상단에는 "Eligo in Summum Pontificem"이라고 라틴어로 적혀 있다. Eligo^{선출하다}는 Eligere 동사의 1인칭 단수 현재, summum은 '가장 위대한'이라는 summus의 중성 대격이고, pontificem은 '교황'을 의미하는 pontifex(부록 ❸-1)의 단수 대격, 즉 직접 목적어이다. 그러므로 투표용지의 문장은 "나는 가장 위대한 교황을 선출한다"라고 해석하면 된다.

교황 선거 투표에서 3분의 2를 얻은 추기경이 안 나올 경우 시스티나 성당의 굴뚝에서는 투표용지를 소각하여 연기로 선거의 결과를 외부에 알린다. 검은색이면 교황을 선출하지 못했다는 의미이고, 흰색이면 새 교황을 선출했다는 신호이다.

만약 교황이 선출되면 추기경 중에서 최연장자가 성 베드로 광장이 보이는 발코니에서 다음과 같이 라틴어로 발표한다.

Annuntio	**vobis**	**gaudium**
아눈티오	보비스	가우디움
발표하다	당신들에게	기쁨
magnum :	**Habemus**	**papam!**
마그눔	하베무스	파팜!
큰	우리는 가지게 되었다	교황을

처음에 나온 동사 annuntio는 1군 동사 annuntiare^{발표하다}의 1인칭 현재형이고, vobis는 '당신들에게', gaudium은 2군 중성 명사(부록 ❷-4)의 단수 대격이다. 마지막 magnum은 형용사인데 gaudium과 일치를 시켰다.

모두 죽여라
주님이 구분해 주시리라

~~~~~

Neca eos omnes
Deus suos agnoscet

기독교의 역사는 투쟁의 역사라고 해도 과언이 아니다. 초기 기독교는 로마 제국의 혹독한 탄압으로부터 살아남아 교세를 제국의 변방까지 확장시켰다. 그러던 중에 4세기에 이단 문제로 역경을 맞이한다. 예수의 신성神性을 인정하지 않는 아리우스파와 삼위일체를 인정하는 아타나시우스파가 정면으로 충돌한 것이다. 아타나시우스파는 성부와 성자, 즉 예수가 하느님의 아들이라는 주장을 하였고, 아리우스파는 예수가 하느님의 아들이라는 것은 단지 비유일 뿐 하느님과 같은 지위를 나누어 가진 존재는 아니라고 생각하고 있었다. 결국 1차 니케아 공의회(325년)에서 아리우스파는 이단으로 축출되었다. 그리고 서기 13세기까지 서유럽에서 이단의 문제는 수면 아래로 잠겨버렸다.

그런데 새로운 이단의 움직임이 남부 프랑스의 랑그독 지방에서 싹트고 있었다. 카타리파라고 불리는 사람들은 기존의 가톨릭과 다른 생각을 가지고 있었다. 카타리파의 교리는 다음과 같다. 우주에는 선과 악의 두 원리가 투쟁하고 있는데, 인간은 악이 지배하는 세계에서 벗어날 수 없으므로 죄와 과오의 책임은 인간과는 무관하다는 것이다. 그러므로 카타리파 교도들은 로마 가톨릭 교회가 요구하는 가중한 구속이나 금기禁忌 사항에 얽매이지 않고 살 수 있었다. 결국 카타리파는 로마 가톨릭의 통제에서 벗어난 교단이 되어버렸다.

카타리파를 이단으로 규정한 교황청의 탄압은 가혹했다. 교황 인노첸시오 3세는 십자군을 결성하여 카타리파의 본산인 남프랑스의 알비Albi를 공격하였다. 말이 공격이지 학살이나 다름없었다. 다른 도시에서도 학살은 계속되어 총 20만에서 100만 명의 카타리파 신자들이 목숨을 잃었다. 이때 나온 말이 이것이다.

Neca	**eos**	**omnes.**
네카	에오스	옴네스
죽여라	그들을	모두
Deus	**suos**	**agnoscet**
데우스	수오스	아그노스케트
신이	자신의 양들을	구분하실 것이다

Neca는 동사 necare죽이다의 단수 2인칭 명령형이고, eos는 대명사(그들을)이고 omnes는 '그들을' 수식하는 형용사인데, eos가 복

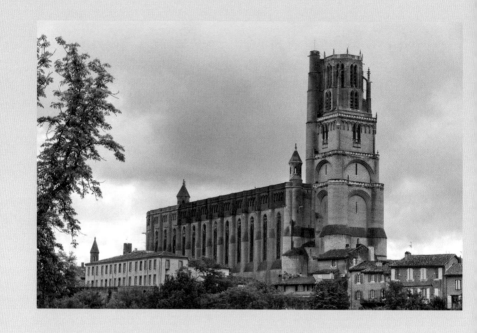

남프랑스 알비에는 요새형 대성당이 있다.
카타리파를 학살하고 그 본산에 세운 성당이다.

수 대격(부록 ⓟ-1)이므로 omnes도 복수 대격이다(ⓐ-5). Suos는 '자신의(양들)' 즉 agnos가 생략되어 있다고 볼 수 있을 것이다. 마지막 동사 agnoscet는 3군 동사 agnoscere의 미래 단수 3인칭 즉 '구분하실 것이다'이다.

그의 이름은
요한이다

~~~

Iohannes est nomen eius

성경에 나오는 엘리사벳과 성모 마리아는 사촌간이다. 엘리사벳이란 이름의 뜻은 히브리어로 "하느님이 심판한다"이다. 엘리사벳과 그녀의 남편 즈카르야 사이에는 아이가 없었는데 어느 날 천사가 두 부부에게 아기를 준다는 말을 해주었다. 그런데 즈카르야는 이 말을 의심하였고, 그 벌로 갑자기 벙어리가 되었다.

엘리사벳이 아기를 가진 지 여섯 달이 되었을 때 그녀는 천사로부터 계시를 받았다. 그녀는 마리아를 찾아가 마리아가 아기를 가질 것이라는 천사의 말을 전해주었다. 이를 수태고지受胎告知라고 하는데 라틴어로 '발표'를 뜻하는 Annuntiatio(아눈티아티오)라고 한다.

천사는 엘리사벳이 낳을 아기의 이름을 요한이라고 했다. 요한이 태어났을 때 즈카르야는 여전히 벙어리 신세였다. 하지만 즈카르야는 천사가 말한 대로 석판에 아기의 이름을 요한이라고 쓰자 그 순간 말문이 트였다. 그리고 그의 이름은 세례자 요한으로 성경에 남아 있다.

세례자 요한을 언급할 때 빠지지 않는 여인이 있으니 바로 살로메^{Salome}다. 그녀는 당시 이스라엘을 다스리던 헤롯 안티파스의 의붓딸이었다. 어느 날 헤롯의 생일 잔치에서 요염한 춤을 춘 살로메는 부왕이 소원을 들어준다고 하자 "세례자 요한의 머리를 제게 주소서"라고 말한다. 일시에 연회장은 찬물을 끼얹은 듯 조용해졌다. 하지만 어떤 소원이든 들어준다고 약속했으므로, 왕은 결국 세례자 요한의 목을 살로메에게 주었다.

일설에는 살로메가 요한을 사랑했다는 이야기도 있다. 이쯤 되면 최고의 팜므파탈이라고 말해도 부족함이 없을 듯하다.

Iohannes	**est**	**nomen**	**eius**
요하네스	에스트	노멘	에이우스
요하네스	~이다	이름	그의

라틴어에는 철자 J가 없었고 그 대신 I를 사용했다. I의 소리는 뒤에 모음이 오면 io(요)라고 발음하고, 자음이 오면 in(인)으로 발음한다. 그러므로 오늘의 주인공 Iohannes는 '요하네스'로 발음하면 된다. 마지막 단어 eius(부록 ℗-1)는 '그의^{his}'라는 말이고, 그 앞의 말은 '이름'을 뜻하는 nomen(❸-1)이다. 라틴어 격언에

Nomen est omen이라는 말이 있는데 우리말로 번역하면 '이름이 징조'라고 할 수 있다(omen은 '징조'라는 말이다). 이 격언은 사람의 이름은 일종의 사인^{sign}이라는 뜻이다. 즉 어떤 이의 이름은 그 사람의 모든 정보를 전달해주는 사인 역할을 한다는 것이다.

라틴어 표현을 하나 더 배워보자.

> Quid est nomen tibi?
> 너의 이름은 무엇이니?
> Mihi nomen est Marcus.
> 내 이름은 마르쿠스야

이 문장에서 tibi와 mihi는 둘 다 여격인 '너에게'와 '나에게'라는 뜻이다. 마지막 문장을 영어로 표현하면 "For me the name is Marc"가 되기 때문에 'to me'에 해당하는 mihi를 쓴 것이다.

너는 베드로다
이 반석 위에 내 교회를 세울 것이다

~~~~

Tu es Petrus et super hanc petram
aedificabo ecclesiam meam

가톨릭의 수장 교황은 로마의 주교이기도 한다. 초대 교황은 예수의 제자 베드로이다. 그는 로마의 바티칸 언덕에서 십자가형으로 순교했는데, 예수처럼 똑바로 십자가에 못 박힐 수 없다며 거꾸로 십자가에 못 박혀 순교했다고 한다.

본래 베드로는 갈릴리 호수에서 고기를 잡으며 살아가던 어부였다. 그리고 본명도 시몬이었다. 그러던 어느 날 예수는 고기잡이를 하던 시몬(베드로)을 부르며 이렇게 말하였다.

너는 베드로다. 이 반석 위에 내 교회를 세울 것이다.

Tu	es	Petrus	et	super
투	에스	페트루스	에트	수페르
너는	~이다	베드로	그리고	~위에

petram	aedificabo	ecclesiam	meam
페트람	아이디피카보	에클레지암	메암
돌	세울 것이다	교회를	나의

Petrus는 '돌'을 의미하는 라틴어 petra에서 나온 인명人名이다. 우리말로 바꾸면 '돌쇠'가 될 것이다. 영어에서는 피터Peter가 베드로이고, 프랑스에서는 피에르Pierre인데 pierre란 말은 '돌'을 의미하기도 한다. Super는 '~위에'라는 전치사로 4격(대격)을 취하므로 petra는 petram이 되었다. 동사 aedificabo는 aedificare 동사의 미래 단수 1인칭이므로 '나는 건설할 것이다'가 된다. 그리고 마지막에서 두 번째 단어인 eccesiam은 '교회'를 뜻하는 여성 1군 명사 ecclesia의 단수 대격이 된다.

베드로는 예수의 환영을 보고 "주여 어디를 가십니까?"라고 물었다. 이 말은 라틴어로 'Quo vadis domine?'인데 Quo는 영어의 'where'이고 vadis는 '가다' 동사 vadere의 현재 2인칭 단수 형태이다. 마지막 명사 domine는 '주인'을 뜻하는 dominus의 호격 형태이므로 '주님!'이 된다.

제6강

마지막을
기억하는 것

죽음을
기억하라

~~~~

Memento mori

현대인들은 누구나 웰빙을 꿈꾼다. 이승에서의 행복한 삶을 위해 돈을 벌고, 인생을 최대한 즐기는 것이 현대인들의 꿈일지 모른다. 하지만 현실은 조금 다르다. 우리 주위에는 생전에 온갖 부귀영화를 누렸지만 초라한 말년을 보내다가 불행하게 인생을 마감하는 사람들을 쉽게 찾아볼 수 있기 때문이다. 그러므로 인생에서 중요한 것은 웰빙이 아니라 오히려 웰다잉일지 모른다.

볼테르는 《수상록》에서 이렇게 말했다.

죽음은 평생 단 한 번밖에 겪어 보지 못한다.
그러므로 죽음에 직면해서 우리는 모두 초심자이다.

죽음에 대하여 우리는 모두 초심자이기에 웰다잉이 더욱 중요한 것이 아닐까? 죽음에는 연습이 없기 때문이다. 웰다잉의 진정한 가치는 편하게 죽는 것이 아니라 의미 있는 죽음을 맞이하는 준비가 아닐까?

고대 로마로 가보자. 많은 정복을 통해 제국에 영광을 안겨준 장군들에게 로마는 개선식을 베풀어주었다. 그런데 개선식의 후미에는 몇 명의 노예들이 "Memento mori"라고 외치며 행렬을 따라다녔다. "죽음을 기억하라"는 뜻의 이 경구는 모든 인간은 죽기 마련이고, 이승에서 누리는 부귀영화도 한낱 먼지와 같은 것이기 때문에 항상 죽음을 대비하고 있으라는 말이었다. 쉽게 말하자면 지금은 이 세상을 손아귀에 쥔 것처럼 보이지만 그 영화라는 것도 부질없다는 말이다.

라틴어 Memento는 영어에서는 '시간이나 사람을 기억하기 위한 기념품'이란 뜻이다. 하지만 이 말은 크리스토퍼 놀란 감독의 영화 〈메멘토〉를 통해 더 알려져 있다. 영화의 주인공 레나드는 아내의 살해 현장에 있었지만 범인에게 둔기로 머리를 얻어맞고 단기 기억상실증에 걸린다. 그럼에도 불구하고 그는 살해 사건과 관련된 중요한 메모를 온 몸에 적어가며 아내의 살해범을 찾아 복수한다. 이 주인공에게 메멘토는 다음과 같은 메시지일 것이다.

기억하라! 그리고 적어라! 모든 증거를!

'메멘토 모리'의 라틴어 원전을 해석해보자.

폼페이에서 발굴된 Memento Mori의 모자이크

Memento	**mori**
메멘토	모리
기억하라	죽는다는 것을

'기억하다'라는 불규칙 동사 Memini의 활용은 다음 표와 같다. 이 동사는 명령법 역시 불규칙한 형태를 취한다. 즉 '기억하라'(2인칭 단수)는 Memento이고, '기억하라'(2인칭 복수)는 Mementote 이다. 본문에 나온 형태는 전자의 명령형이다. 두 번째 단어인 mori는 '죽다' 동사의 원형인데, 이 동사도 불규칙 동사이다.

인칭	현재 활용형
Ego 나	Memini
Tu 너	Meministi
is 그	Meminit
nos 우리	Meminimus
vos 너희	Meministis
ii 그들	Meminierunt

왼쪽 사진은 폼페이에서 발견된 Memento mori의 모자이크이다. 운명의 바퀴 위에 해골은 인생의 덧없음, 왼쪽의 자줏빛 고급 옷감은 부, 오른쪽의 염소 가죽은 가난을 상징한다. 수레바퀴가 좌우로 움직이면서 인간의 부귀영화가 종이 한 장 차이라는 것을 암시한다. 실에 묶은 추가 떨어지면 영혼을 상징하는 나비는 날아간다. 죽음은 상존한다는 의미이다.

나는 완전히
죽지 않는다

~~~~

Non omnis moriar

"호랑이는 죽어서 가죽을 남기고 사람은 죽어서 이름을 남긴다"라는 속담은 고대 로마의 사회에서도 찾아볼 수 있다. 로마인들은 죽음을 맞게 될 순간을 늘 대비하라고 강조했지만, 그렇다고 죽음을 현세와의 영원한 작별이라고 생각하지는 않았다. 망자가 이 세상에서 주변 사람들에게 남겼던 행동과 기억은 가족과 친구들에게 메모리아Memoria, 기억로 남아 있다고 로마인들은 생각했던 것이다. 망자가 일구었던 가족, 망자가 사용했던 이름, 그가 입양한 자식들, 유언장에 나타난 망자의 배려, 무덤의 비문에 새겨진 글들이 남아 있는 사람들의 미래에 영향을 미친다고 로마인들은 생각했다.

망자가 보여주었던 생전의 용기와 재능은 명성이 되어 주변 사람들의 기억에 영원히 남고, 이것은 망자가 죽지 않았다는 반증이라고 로마인들은 믿었다. 가장 비참한 죽음은 "죽음과 동시에 완전히 잊혀지는 죽음이며, 반대로 망자에 대한 기억이 남아 있다면 그는 영원히 살아 있는 것이다"라고 로마인들은 생각했던 것이다.

그런 까닭에 생전에 악행을 행한 황제들은 사람들의 기억에서 완전히 지워져야 했다. 도미티아누스와 카라칼라 같은 폭군이 사후에 기록말살형 Damnatio memoriae을 선고받은 대표적인 황제들이다. 죽은 황제에 대해 기록말살형이 선고되면 제국의 공공장소에 세워졌던 황제의 흉상과 기마상이 파괴되고, 공문서와 수많은 비문 등에서 황제의 이름이 삭제된다. 폭군에 대한 기억이 살아 있는 사람들에게 전해져서는 안 된다는 것이 로마인들의 생각이었다.

여기서 소개하는 경구는 호라티우스의 말을 키케로가 《스토아 학자들의 역설》에서 인용한 것인데, 그는 자신의 육체는 한 줌의 재가 되어 땅에 묻힐지라도, 자신에 대한 기억은 영원히 남을 것이라는 의미로 이 말을 사용했다.

그런 이유에서 로마인들은 무덤을 도시의 입구나 도로변과 같이 사람들이 쉽게 접할 수 있는 곳에 만들었다. 그리고 비문에는 망자가 살아 있는 사람들과 교감하는 말들을 적었다.

지나가는 행인들이 롤리우스를 보고
'롤리우스, 잘 있는가?'라고 인사를 건넬 수 있도록
여기에 롤리우스를 묻는다.

물론 이 비문은 망자의 가족이나 친구들이 쓴 것이다. 비문을 통하여 두 세계는 하나로 연결될 수 있고, 망자가 생전에 말했을 법한 말들을 새겨 넣었다.

또 다른 비문을 보자. 이 비문도 망자와 살아 있는 자들을 이어주는 공감대를 확인할 수 있다. 죽은 사람은 이렇게 살아 있는 사람과 대화를 하고 있는 것이다

> 잘 있는가, 파비우스! 신들이 너에게 자비를 베풀고 좋은 친구들도 보내주길 바라네! 이곳을 지나가는 나그네들이여, 신들이 그대들에게 자비를 내리길 바라네, 그리고 여기 잠시 멈춰보게. 여행을 마치고 다시 건강한 모습으로 돌아와서 파비우스의 무덤에 꽃을 놓지 않겠나? 그러면 그대들은 건강하게 오래 살 것이네.

이와는 달리 망자의 죽음을 하소연하는 비문도 있다. 억울한 죽음을 망자의 목소리를 빌어 세상 사람들에게 알리고 있다. 아래에 소개하는 내용은 독일의 마인츠Mainz에서 자신의 노예에게 목숨을 잃은 어느 남자의 비문이다. 망자의 한을 조금이나마 풀어주려는 가족들의 마음이 엿보인다.

> 나그네여, 그대가 누구일지라도 이곳을 지나면 잠시 멈추고 이 글을 읽어주게. 내가 얼마나 치욕스럽게 이 세상을 떠났는지 들어보게. 난 30년 이상을 더 살 수 있었다네. 그런데 나의 노예가 내 목숨을 빼앗고, 그 놈도 강에 몸을 던졌다네. 결국 주인을 죽

인 그 노예 놈은 마인 강에 빠져 죽었다네.

비문의 주인공은 가축을 키우는 부유한 로마인이었는데 재물을 탐한 노예에 의해 죽임을 당하였다고 한다. 그리고 양심의 가책을 받은 노예도 마인강에 몸을 던져 죽었다는 내용이다. 라틴어 경구의 본문을 보기로 하자.

Non	**omnis**	**moriar**
논	옴니스	모리아르
~아니다	(나의) 전부	죽지 않을 것이다

두 번째 단어 omnis는 '전부'를 나타내는데 문맥상 '(나의) 전부'를 의미한다. 그리고 마지막 단어 moriar는 '죽다' 동사 morior의 수동 미래형에 해당된다.

죽음의 모습은
천차만별이니

~~~

Plurima mortis imago

그리스 신화의 트로이 전쟁은 절세의 미인 헬레나를 차지하려는 트로이의 파리스 왕자 때문에 일어난 전쟁이다. 사실 전쟁을 야기한 파리스는 파렴치한 남자였다. 헬레나는 엄연히 스파르타 왕국의 왕자인 메넬라오스의 부인이었기 때문이다. 하지만 사랑이라는 열병이 문틈으로 들어오면 도덕과 이성은 창문으로 슬며시 나가버린다.

결국 헬레나는 파리스에 의해 트로이로 납치된다. 그러자 헬레나를 구하기 위해 그리스 진영은 오디세우스와 아킬레우스 같은 영웅들을 중심으로 트로이 원정에 나선다. 여기서 소개하는 라틴어 원전은 시인 비르길리우스^{Virgilius}가 트로이 전쟁에서 죽은 병사들의 모습이 잔혹하기 그지없고, 죽은 모습도 매우 다양했다고 한 표현에서 가져왔다.

사실 죽음의 모습은 다양한 사람들이 이 세상에서 존재하는 것처럼 천차만별이다. 역사에는 그런 죽음의 기록이 전해오는데, 그중에서도 가장 황당한 죽음은 프랑스 카페 왕조의 필립 왕세자일 것이다. 왕세자 필립은 1116년에 태어났다. 부왕은 카페 왕조의 루이 6세였고, 그는 총망받는 왕세자였다. 부왕父王인 루이 6세는 필립 왕세자를 이미 공동 국왕으로 임명한 터였다.

중세 유럽의 도시에는 사람들뿐만 아니라 돼지도 함께 살았다. 돼지를 거리에 풀어 키운 것은 돼지들이 가리지 않고 음식 쓰레기를 먹었기 때문이다. 말하자면 돼지들은 중세 도시의 청소부였던 셈이다. 서기 1131년 10월 13일, 프랑스 왕국의 역사는 돼지 한 마리에 의해 송두리째 그 방향이 바뀌고 만다. 필립 왕세자의 말이 거리를 활보하던 돼지에 부딪혀 땅바닥에 거꾸러진 것이다. 왕세자는 낙마하여 결국 세상을 떠나고 말았다. 왕위는 막내인 루이에게 돌아갔다. 그가 바로 비만왕 루이 7세이다.

루이 7세는 아키텐의 공작녀 알리에노르Aliénor와 결혼을 하지만 둘 사이의 금슬은 썩 좋지 않았다. 결국 아들을 낳지 못한 알리에노르는 루이 7세와 이혼한 후 영국의 헨리 2세와 재혼한다. 둘 사이에서 태어난 왕자들이 사자심Lionheart왕 리처드 1세와 대헌장에 서명을 한 존왕이다. 이후 프랑스 왕국은 기사형 군주의 모델이라고 일컬어지는 리처드 1세와 서유럽의 패권을 놓고 힘겨운 싸움을 이어간다. 사자심왕 리처드 1세의 등극으로 양국의 역사는 치열한 경쟁 구도로 들어가는데, 이 모든 것이 형이 돼지에 받혀 급사하자 왕위를 물려받은 루이 7세가 뿌린 씨앗이다. 프랑스 왕세자의 어처구니없는 죽음이 중세 유럽 역사의 흐름을 바꾸어 놓은 것이다. 특히 알리에노르가 헨리 2세에게 지참금으로 가져간 아키텐 공작령(보르도 지방을 포함한 광활한 지역)이 두 나라 사이에 두고두고 화근이 된다. 역사는 이렇게 작은 일에서 시작되는 경우가 많다.

Plurima	mortis	imago
플루리마	모르티스	이마고
다양한	**죽음의**	**이미지**

죽음을 의미하는 라틴어 mors의 소유격은 위에 나온 mortis이고, imago는 영어의 이미지 image를 말한다. 그러므로 mortis imago를 영어로 옮기면 'image of death'가 될 것이다. 첫 단어 Plurima는 '다양한'이라는 뜻을 가지고 있다(남성형은 plurimus). 즉 오늘 소개하는 경구는 '죽음의 모습은 다양하다'라는 만고의 진리를 우리에게 전하고 있다.

생의 한가운데
우리는 죽음 속에 있다네

~~~~

Media vita in morte sumus

중세 유럽인은 죽음을 일상적이고 평범한 현상으로 받아들였다. 아이들은 쉽게 병에 걸려 죽었고, 건장한 어른도 지나친 체력의 낭비와 과음 등으로 요절하는 경우가 많았다. 그들에게 지상의 미래는 큰 의미가 없었고 오직 내세의 미래만이 중요할 뿐이었다. 죽음은 흑사병(페스트) 같은 대역병처럼 고통스럽고 비정상적으로 찾아올 때만 공포의 대상이었다. 결국 흑사병이 사라진 중세 말에 이르러 중세인들은 육체적 죽음과 생의 회한에 대한 인식을 갖게 되었다.

살펴볼 경구는 가톨릭의 그레고리안 성가에 나오는 구절이다. 원전을 번역하여 옮기면 다음과 같다.

생의 한가운데

우리는 죽음 속에 있다네.

주님이 아니면

우리는 누구에게서 구원을 찾아야 하는가?

비록 우리가 범한 죄 때문에 노여우셔도

저희를 비참한 죽음에 빠뜨리지 마소서.

몽테뉴는 《수상록》에서 하루하루를 마지막 날로 생각하라는 호라티우스의 경구를 인용하며 죽음에 대해 충고하고 있다. 그러면 기대하지 않았던 시간만큼 버는 것이라고 철학자는 말한다. 죽음을 준비하는 사람은 그만큼 현세의 삶에 충실할 수 있다는 것을 철학자는 강조하고 있는 것이다.

본래 죽음이라는 것은 우리 주위에 상존하고 있다. 아주 사소한 일로 생을 마감하는 사람들을 주위에서 흔히 볼 수 있지 않은가? 이 세상에 올 때는 많은 사람들의 축복을 받으며 오지만, 이 세상을 떠날 때에는 아무도 자신의 죽음을 기억해주지 않는 경우도 많다. 그렇기에 몽테뉴는 언제 찾아올지 모르는 죽음을 대비해야 한다고 역설하고 있다.

그는 신이 원할 때 언제라도 미련없이 세상을 떠날 수 있다고 《수상록》에서 말하고 있다. 하지만 살아갈 날이 살아온 날보다 많다고 믿는 사람들에게 몽테뉴의 말은 공감을 덜 줄지 모른다. 그런 까닭에 많은 사람들이 회한을 가진 채 이 세상을 작별하는 것은 아닐까?

그레고리안 성가의 첫 구절은 인간은 항상 죽음의 한 복판에 있다는 메시지를 전하고 있다.

Media	**vita**	**in**	**morte**	**sumus**
메디아	비타	인	모르테	수무스
중간	인생	~가운데	죽음	우리는 있다

Media는 영어로 '중간'을 뜻하는 medium의 어원이고, sumus는 앞에서 배웠던 esse 동사의 1인칭 복수 활용형이므로 'We are'의 의미가 된다.

끝으로 로마의 한 무명 시인이 자신의 죽음에 대해 읊은 시를 소개한다.

내가 언제 죽을지 안다면
하루하루를 헛되이 보내지 않을 것이고

내가 어디에서 죽을지 안다면
그곳에 자주 들러 친해보려고 노력할 것이고

내가 세상을 떠날 때 나를 지켜줄 사람들이
자식이라면 태어나줘서 고맙고
아내라면 함께 살아줘서 고맙다고 말할 것이다

그는 오래 산 것이 아니라
오래 존재했던 것이다

~~~~~

Non ille diu vixit sed diu fuit

세네카는 스토아 학파의 철학자답게 현실에서의 삶을 중시하며 개인의 지혜와 윤리적인 삶을 중시한 학자이다. 그는 오직 현명한 남자와 여자만이 인생의 진정한 의미를 알 수 있다고 역설하였다.《대화*Dialogus*》에서 세네카는 다음과 같은 말을 한다.

우리는 흰 머리카락과 주름이 있다고 그가 오랫동안 살았다고 생각할 수 없습니다. 그는 오래 살지 않았습니다. 그는 오랫동안 존재했던 것입니다. 당신은 그가 항구를 떠날 때 격렬한 폭풍 때문에 여기저기에 던져지고, 같은 장소에서 동그라미를 그리며 선회했다고 그가 오랫동안 항해했다고 말할 수 있습니까? 그는 오랫동안 항해한 것이 아니라 그저 바다에 오랫동안 던져졌던 것입니다.

여기에서 소개할 라틴어 문장은 앞에서 언급한 세네카의 글에서 "그는 오래 살지 않았습니다. 그는 오랫동안 존재했던 것입니다"이다.

Non	**ille**	**diu**	**vixit**
논	일레	디우	빅시트
~아니다	그는	오래	살았다
sed	**diu**	**fuit**	
세드	디우	푸이트	
그러나	오래	존재했다	

여기에서 처음 나온 단어는 that, that man 정도로 해석할 수 있는 ille이다. 본문에서 ille는 '그 사람'으로 해석하면 될 것이다(부록의 곡용표 참조). Vixit는 앞에서도 나왔던 '살다' 동사 vivere 의 완료 과거 3인칭 단수이고, 처음 나온 말은 esse 동사의 완료 과거 형태인 fuit이다. 영어로 바꾸면 'He was'가 정확한 해석이다. 그런데 영어의 과거와 라틴어의 완료 과거의 차이가 난다. 영어의 He was는 지금도 그 상태가 계속될 수 있지만, 라틴어의 fuit는 과거에는 존재했지만 지금은 존재하지 않는다는 의미이다. 그래서 완료 과거인 것이다.

인칭	완료 과거 활용형
Ego 나	fui
Tu 너	fuisti
is 그	**fuit**
nos 우리	fuimus
vos 너희	fuistis
ii 그들	fuerunt

제7강

모두는
하나를 위해

흔들리지만
가라앉지 않는다

~~~~

Fluctuat nec mergitur

프랑스 파리는 빛의 도시라고 불린다. 예술과 문화의 도시인 파리의 이름은 기원전 51년 골 지방(라틴어로 Gallia)을 정복한 카이사르가 처음으로 언급하고 있다. 그는 《갈리아 전기》에서 파리를 루테티아^{Lutetia}라고 부르고, 이 지방에 살던 골 족의 이름을 파리지^{Parisii}라고 소개했다. 이후 파리는 서기 6세기에 프랑크 왕국의 클로비스가 왕국의 수도로 정했다. 프랑스 동부 지방의 랭스에서 기독교로 개종한 클로비스는 지정학적으로 왕국의 중앙에 위치한 파리를 수도로 삼았던 것이다. 이후 15세기에 파리는 유럽에서 가장 큰 도시로 성장한다.

파리 시 문장

파리 시의 문장紋章에는 파리 시의 모토Motto가 라틴어로 적혀 있다. 하나씩 사전을 찾아가며 그 의미를 새겨보자.

Fluctuat	**nec**	**mergitur**
프룩투아트	네크	메르기투르
흔들리다	그러나	가라앉지 않는다

Fluctuat는 어미가 -at로 끝나므로 그 원형은 fluctuare이고 사전에는 1인칭 단수형인 fluctuo를 찾으면 된다. 그 뜻은 '흔들리다'라는 자동사이다. 두 번째 단어는 nec인데 그 뜻은 'and … not'이다. 마지막 단어는 앞에서도 몇 번 보았던 -itur의 형태가 또 나왔다. 바로 수동태 단수 3인칭이다. 이 동사의 원형은 mergere 일 것이고 사전에는 mergo가 나와 있을 것이다.

배를 탄다는 것은 항상 위험에 노출된 일이다. 센 강에서 고기를 잡으며 살았던 파리지 부족도 예외는 아니었을 것이다. 배는 거센 풍랑과 바람을 만나면 흔들릴 수 있다. 하지만 굳은 용기를 지닌 자들은 역경을 헤치고 나올 수 있을 것이다. 파리 시가 선택한 모토는 바로 "시련은 있지만 좌절은 없다"라는 굳은 의지의 표현일 것이다.

국민의 복지가
최고의 법이어야 한다

~~~~

Salus populi suprema lex esto

키케로의 《법률에 관하여*De Legibus*》에는 "시민의 복지가 최고의 법이다"라는 문장이 나온다. 우리가 배울 라틴어 문장은 바로 키케로의 말인데 미국 미주리 주의 모토이다. 미주리 주는 미국 중부 지방에 있는데 남북 전쟁 당시 주민들이 남군과 북군을 각각 반반 지지했었다. 미주리 주가 미대륙의 중앙에 위치하다 보니 생긴 결과였다.

고대 로마 시민들에게는 두 가지 특권이 있었다. 첫 번째는 매일 무상으로 빵을 지급받는다는 것이고, 두 번째는 키르쿠스 막시무스*Circus maximus*에서 열리는 전차 경주를 공짜로 볼 수 있다는 것이다. 게다가 콜로세움에서 열리는 검투극도 무료로 볼 수 있었다. 이러한 검투극이나 전차 경주, 그리고 각종 축제들은 로마 시민들을 나태하게 만들었다. 마치 1980년대 한국에서 프로스포츠를 만들어 전 국민들을 우민화하는 데 이용했던 정책과 비슷하다.

로마의 축제일이 카이사르 시절에는 56일이었지만, 오현제 시대에는 120일, 그리고 멸망할 즈음에는 무려 175일에 이르렀다고 한다. 제국의 종말이 축제일 수에 비례했던 것이다. 지나친 무상 복지가 시민들을 나태하게 만들어 로마 쇠락의 촉진제가 되었다는 것이 학자들의 지적이다.

미주리 주 문장

이 그림이 미주리 주의 상징이다. 오늘 배울 모토인 Salus populi suprema lex esto가 보인다. 라틴어를 해석해 보자.

Salus	populi	suprema	lex	esto
살루스	포풀리	수프레마	렉스	에스토
복지	국민의	최고의	법	~이어야 한다

첫 번째 단어인 Salus는 '건강', '복지'라는 의미이고, 두 번째 단

어인 populi는 '시민'을 나타내는 poplus의 소유격이다. Lex는 '법'을 나타내는 여성 명사이므로 앞에 놓은 suprema는 여성 형용사이다. 그런데 이 형용사는 '최고의'라는 최상급을 의미하는데 다음과 같은 원급과 비교급이 있다.

원급	비교급	최상급
superus, -a, -um	superior, -ius	summus(supremus), -a, -um

'우위에 있는'을 의미하는 superus는 최상급이 불규칙한 형태이다. 앞에서 소개한 모토에 나오는 suprema는 최상급 supremus의 여성형인 것을 알 수 있다. 영어에서 '정상'을 의미하는 summit이 summus에서 나온 단어이다.

이 모토에서 설명이 필요한 단어는 esto이다. 이 단어는 esse 동사의 명령형인데 시제는 미래 3인칭 단수이다. 즉 be 동사의 미래 명령형이므로 '~이어야 한다'라고 해석해야 한다. "너는 착한 로마 시민이어야 한다"라는 문장을 esse 동사의 미래형 명령법을 사용하여 말하면 "Esto poplus bonus romanus"이다.

esse 동사의 현재 명령

인칭	형태
2인칭 단수	es
2인칭 복수	este

esse 동사의 미래 명령

인칭	형태
2인칭 단수	esto
3인칭 단수	**esto**
2인칭 복수	estote
3인칭 복수	sunto

더 빨리,
더 높게, 더 세게

~~~~~

Citius, Altius, Fortius

고대 그리스의 올림픽 경기는 남자들만이 출전할 수 있었다. 여자들은 구경조차 할 수 없었는데 아마도 남자들이 벌거벗은 채로 경기를 했기 때문이 아니었을까?

그리스를 정복한 로마 제국에서도 올림픽 경기는 계속되었다. 하지만 서기 392년 로마 제국의 테오도시우스 황제가 올림픽 경기를 중단시켰다. 기독교를 공인한 로마 제국이 제우스 신을 모시는 경기를 허락할 수가 없었던 것이다.

2018년은 대한민국에서 두 번째로 올림픽이 개최된 해이다. 올림픽 경기에는 3개의 언어가 공식 언어로 사용되는데, 먼저 개최국의 언어, 영어, 그리고 프랑스어가 공식 언어이다. 영어가 공식 언어인 것은 이해가 가지만 프랑스어는 다소 의외다. 물론 프랑스어가 19세기까지는 국제 사회에서 중요한 언어였다.

사실 고대 그리스 올림픽을 부활시킨 장본인은 프랑스의 쿠베르탱Coubertin 남작이고, 국제 올림픽 본부도 스위스의 프랑스어권 도시인 로잔에 있다.

올림픽의 모토인 "더 빨리 더 높게 더 세계"의 라틴어 표현을 살펴보자.

Citius,	**Altius,**	**Fortius**
키티우스	알티우스	포르티우스
더 빨리	더 높이	더 강하게

영어의 경우 부사도 비교급을 가진다. well의 비교급과 최상급은 형용사와 마찬가지로 better과 best이다. 라틴어로 '빠르게'를 의미하는 cito는 비교급 citius와 최상급 citissime를 가지고 있다. 올림픽 모토에 등장하는 citius는 cito의 비교급이므로 '더 빠르게'라고 해석해야 한다. 두 번째 altius도 형용사 altus(높은)의 부사 비교급이고, 마지막 단어 fortius도 형용사 fortis의 부사형이다.

폭군들에게는
항상 죽음을

~~~~~

Sic semper tyrannis

역사를 공부하다 보면 폭군들의 말로는 항상 비참하다. 네로는 로마를 불태운 대표적인 폭군이다. 그는 근위대가 자신을 처형하러 황궁에 들이닥치자 스스로 목숨을 끊을 용기도 내지 못하고 측근에게 자신을 죽여 달라고 애걸했다고 한다. 카이사르는 또 어떠한가? 물론 카이사르가 로마 공화정에서 불세출의 영웅인 것은 틀림없다. 하지만 권력욕의 끝은 출구가 보이지 않는 법이다. 그는 독재관에 만족하지 않고 스스로 황제가 되려고 했다. 결국 그런 야심이 카이사르의 목숨을 앗아갔다.

미국 조지아 주의 모토는 카이사르를 암살한 브루투스가 한 말이다.

Sic	semper	tyrannis
시트	셈페르	티라니스
그러므로	항상	폭군들에게

이 모토에서 tyrannis는 tyrannus의 복수 여격이고 나머지 단어는 해석에 어려움이 없어 보인다. 그런데 '그러므로 폭군들에게 항상 죽음을'이라는 문장에서 '죽음을'이라는 단어가 보이지 않는다.

브루투스는 기원전 44년 3월 15일 원로원에 나온 양아버지 카이사르를 동료들과 함께 단검으로 찔러 살해한다. 일설에 의하면 브루투스는 카이사르를 암살한 다음 바로 "그러므로 폭군에게는 항상 죽음을"이라고 말했다고 한다. 원문의 온전한 형태를 보면 "Sic semper evello mortem tyrannis"인데 evello는 '이끌어 오다', mortem은 '죽음을'이라고 해석하면 된다. 즉 원문 전체를 해석하면 "그러므로 나는 폭군들에게 항상 죽음을 가져다 준다"이다.

버지니아 주 문장

이 말은 미국의 링컨 대통령과도 인연이 있다. 남북 전쟁에 불만을 가지고 있던 존 윌크스 부스John Wilkes Booth는 극장에서 링컨에게 총을 쏘고 "그러므로 폭군에게는 항상 죽음을"이라는 말을 했다고 한다.

이 모토가 미국 버지니아 주의 심볼에 들어간 이유는 미국 독립 당시 영국의 압제에 항거하기 위해 버지니아 주에서 개최된 총회에서 이 심볼을 사용하고 난 후부터이다.

항상 바다에서
바다로

~~~~

A mari usque ad mare

북미 대륙의 캐나다를 머릿속에 떠올리면 단풍나무^{maple}와 광활한 대륙이 연상된다. 캐나다는 영연방의 한 나라이지만 이 나라의 공식 언어는 영어와 프랑스어이다. 캐나다 제2의 도시 몬트리올은 퀘벡 주에 있는데 파리를 제외하면 해외에서 가장 큰 프랑스어권의 도시이다. 몬트리올은 프랑스어로는 몽레알^{Montréal}인데 캐나다를 처음 발견한 프랑스의 자크 카르티에^{Jacques Cartier}가 1535년 이곳을 발견하고 '왕의 산^{Le Mont Royal}'이라고 불렀던 데서 연유한다. 2017년 현재 몬트리올의 인구는 약 160만 명으로 이 중 49퍼센트가 프랑스어를, 33퍼센트는 영어를 사용한다고 한다.

A mari	**usque**	**ad mare**
아 마리	우스쿠에	아드 마레
바다에서	항상	바다로

　　캐나다의 국장國章에 쓰여진 라틴어 모토를 공부하기로 하자. 이 말은 본래 구약 성경의 시편에 나오는 말이다. 이 모토를 처음 사용한 사람은 19세기 말의 장로교 목사인 조지 몬로 그랜트George Monro Grant로 그가 활동하던 시기의 캐나다는 연방 국가였다. 그는 1872년 〈대양에서 대양으로Ocean to Ocean〉라는 신문을 발간했는데, 이즈음에 태평양에 접해 있는 브리티시 컬럼비아 주가 캐나다 연방에 들어왔다. 이제 캐나다는 태평양에서 대서양까지 이르는 국토가 연결된 것이다.

　　인용한 시편에는 다음과 같은 구절이 나온다.

　　　이 바다에서 저 바다로, 강에서 땅 끝까지 지배하는 자는
　　　도유식을 받을 자격이 있고 곧 그가 메시아이니라.

캐나다 국장

첫 번째 줄의 라틴어 원문은 다음과 같다.

Et dominabitur a mari usque ad mare, et a flumine usque
ad terminos terrae

Dominabitur는 dominare(지배하다) 동사의 미래 수동형이고, 그 뜻은 '~에 의해 지배될 것이다'이다. Flumine는 '강'을 의미하는 flumen(-fluminis)의 탈격이고, terminos는 '끝'을 나타내는 terminus의 복수 4격이다. Terrae는 terminos를 수식하는 단수 소유격이다. 전치사 a는 영어의 from인데 5격을 지배하고, ad는 영어의 to에 해당되며 4격을 데리고 다닌다. Usque는 '항상'이라는 말이다. 그러므로 인용문을 직역하면 '항상 바다에서 바다로a mari usque ad mare, 강에서 땅 끝까지a flumine usque ad terminos terrae' 지배할 것이다'가 된다.

예술을 위한 예술

~~~~

Ars gratia artis

1960~1970년대 미국 영화를 보면 시작할 때 사자 한 마리가 포효하는 장면이 자주 나온다. 당시 할리우드 영화 산업을 주름잡 았던 유명한 MGM사의 오프닝 크레딧인데 사자를 둘러싼 리본 테두리에 라틴어로 문장이 적혀 있다.

Ars	**gratia**	**artis**
아르스	그라티아	아르티스
예술	선의에 의한	예술의

Ars는 앞에서 배운 것처럼 '기술'이나 '예술'을 뜻한다. 본래 이 말은 프랑스의 시인이자 비평가인 테오필 고티에[Théophile Gautier] (1811~1872년)가 한 말이다. 그는 프랑스어로 "L'art pour l'art"

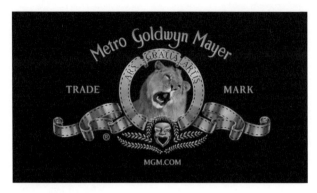

MGM사의 오프닝 크레딧

라고 말했는데 직역하면 "예술을 위한 예술"이란 뜻이고, 라틴어 버전이 "Ars gratia artis"이다.

로마 시대에 이 말을 누군가 했다면 ars는 예술보다는 기술로 해석해야 하겠지만 시인 고티에는 '예술'이라는 의미로 ars를 사용했다. Gratia는 '선의', '감사'라는 뜻도 있지만 여기에서는 탈격으로 사용되었고 '예술의 선의에 의한 예술'로 해석하면 될 것이다. 즉, '예술을 위한 예술'이라는 뜻이다. 마지막 단어 artis는 '예술의'라는 뜻이므로 ars의 단수 소유격이다.

이 말은 예술은 예술 자체로 존재해야 하며 그 속에 어떤 교훈적, 도덕적 혹은 실용적 의미도 들어가 있어서는 안 된다는 말이다. 다시 말하면 고티에는 예술 지상주의를 예술의 최고 기준으로 삼았다. 그는 1834년 자신의 소설 《모팽 아가씨*Mademoiselle Maupin*》에서 다음과 같이 글을 쓰고 있다.

음악이 무슨 소용이 있냐고? 미술은 또 어떻고? 카렐 Carrel * 보다 모차르트를 좋아하고 겨자의 발명가보다 미켈란젤로를 좋아하는 사람들은 조금 미친 사람들이라고 생각할지도 모르지. 하지만 아무짝에 쓸모없는 것에도 아름다움은 있는 거라네. 나는 전혀 쓸모가 없지만 용과 만다린 문양이 그려진 중국 도자기를 좋아한다네.

고티에가 강조하는 예술에 대한 생각이 이 소설에 등장하는 인물을 통해 잘 드러나 있다. 요즘 같은 현대인들에게는 전혀 설득력이 없는 말이지만 시인은 이런 말을 통해 잠자고 있는 우리의 영혼에 숨을 불어 넣어준다.

• 18세기 초 프랑스의 신문기자, 역사가, 수필가.

새로운 시대의
질서

~~~~~

Novus ordo seclorum

미합중국의 국장國章에 사용된 라틴어 모토에 대해 살펴보자.
왼쪽은 국장의 앞면인데 E PLURIBUS UNUM이라는 라틴어
모토가 적혀 있다. E는 from에 해당하는 전치사로 탈격을 지배한

미합중국 국장의 앞면과 뒷면

다. 곡용이 다소 까다로운 단어는 두 번째 단어인 형용사 PLURIBUS인데 '많은'을 의미하는 PLURES의 곡용의 중성 복수 탈격이다. PLURES는 의미 자체가 복수이므로 복수형의 곡용만 존재한다. UNUM은 중성 명사로 '하나'를 의미한다. 그러므로 이 모토를 해석하면 "다수로부터 하나", 즉 다민족 국가인 미국이 합중국이라는 정치의 틀로 하나가 되었다는 뜻이다. PLURES의 곡용은 다음과 같다.

격	남성/여성	중성
주격	plures	plura
소유격	plurium	plurium
여격	pluribus	pluribus
대격	plurium	plura
탈격	pluribus	**pluribus**

오른쪽 그림은 국장의 뒷면과 1달러 지폐 뒤편에 그려져 있는 그림이다.

Novus	**ordo**	**seculorum**
노부스	오르도	세쿨로룸
새로운	질서	시대의

이 문장은 1782년 라틴 학자인 찰스 톰슨[Charles Thomson]이 제안한 문구인데 로마의 시인 베르길리우스[Vergilius]의 시가 원전이다. 중세 유럽에서 베르길리우스의 시는 예언시로 숭배 대상이었는

데, 미국의 국장에 인용한 원전 번역은 이렇다.

최후의 노래가 들려온다
시대의 새로운 질서가 오네.

미국을 건국한 정치가들은 자신들이 탄생시킨 국가가 유럽의
군주국가와는 전혀 다른 국가라는 사실을 만방에 알리고자 했을
것이다. 그런 점에서 베르길리우스의 시만큼 시의적절한 구절도
없었으리라.

NOVUS ORDO SECULORUM에서 '질서'를 의미하는 ordo
는 남성 명사이므로 남성 형용사 novus가 앞에 놓였고, '시대'를
뜻하는 seculorum은 남성 명사 seculum의 복수 소유격, 즉 '시대
의'라는 말이다. 전체적인 해석은 '새로운 시대의 질서'가 된다.

국장에는 피라미드도 보인다. 그 위에는 세상만사를 굽어보는
신의 섭리 Eye of providence 의 눈이 보이고, 다시 그 위에는 또 다른
모토 ANNUIT COEPTIS가 보인다. annuit는 '(신이) 보살펴 주셨
다'라는 의미이고, coeptis는 '과업' 즉 '미국민들의 독립을 쟁취하
기 위한 과업'을 말한다. Coeptis는 앞에서 배운 corpus와 같은 3군
남성 명사이다. 그리고 피라미드에 적힌 로마 알파벳 MDCCLXXVI
은 미국이 독립한 해인 1776년을 가리킨다(M=1000, D=500,
C=100, L=50, X=10, VI=6).

칼을 통해 자유가
보장된 평화를 추구한다

~~~~~

Ense petit placidam sub libertate quietem

미국 매사추세츠 주의 모토는 "평화를 원하면 전쟁을 준비하라! Vis pacem para bellum"는 경구와 유사하다. 평화는 전쟁을 통해 지켜진다는 역사의 교훈을 잘 보여주는 이 모토는 17세기 영국의 전제 군주인 찰스 2세에 대항하던 정치가 시드니 Sidney의 모토였다.

Ense	**petit**	**placidam**
엔세	페티트	플라키담
칼을 가지고	추구하다	평화로운
sub	**libertate**	**quietem**
숩	리베르타테	쿠이에템
~아래	자유	평화를

매사추세츠 주 문장

Ense는 '칼'을 의미하는 ensis의 단수 탈격인데 앞에서 배운 civis와 같은 3군 곡용명사이고, 탈격이므로 그 뜻은 '칼을 통해서'이다. Petit는 peto(추구하다)의 단수 현재 3인칭이고, placidam은 '평화로운'이라는 뜻의 형용사인데 여성 단수 대격임을 알 수 있다. 이 형용사가 수식하는 명사는 맨 뒤에 있는 quietem인데 'quies, -quietis'처럼 곡용하는 3군 여성 명사이므로 quietem은 단수 대격이고 그 뜻은 '평화를'이 된다. 이제 남은 말은 sub libertate인데 sub은 전치사로 영어의 under이고 탈격을 지배하는 전치사이다. 그러므로 libertate는 여성 명사 libertas(자유)의 단수 5격이 된다. Sub libertate를 해석하면 '자유 아래서'가 된다.

이 모토에서 petit(추구하다)의 주어는 생략되어 있는데 원문을 보면 주어가 보인다. 생략된 문구는 Manus haec inimica tyrannis인데 Manus haec는 '이 손이', inimica tyrannis는 '폭군들에게 원수인'이므로 전체 문장의 의미는 "폭군들에게 원수인 이 손이 칼을 통해 자유가 보장된 평화를 추구한다"가 된다. 로고 위에 칼을 든 손이 보인다.

이 표시로
너는 승리하리라

~~~~

In hoc signo vinces

서기 312년 로마 제국의 콘스탄티누스 황제는 라이벌 막센티우스와 일전을 준비하고 있었다. 그런데 전투가 벌어지기 전 황제는 환영을 보았는데, 거기에는 알파벳 P와 X의 표시가 있었다. 황제는 이 글자를 방패에 그려넣게 했고, 결국 황제의 군대는 승리를 거두었다. 황제가 들은 그 예언을 살펴보기로 하자.

In	**hoc**	**signo**	**vinces**
인	호크	시그노	빈케스
~안에	이	표시	너는 승리할 것이다

사인과 표시를 의미하는 signum은 중성 명사이고 this에 해당

하는 hoc 역시 중성형이다. 형태는 전치사 in에 영향을 받아 탈격을 취한다. In hoc signo는 '이 깃발 아래'로 해석하면 된다. Vinces는 앞에서 나왔듯이 vincere 동사의 미래 3인칭 단수 형태이고, 뜻은 '너는 승리하리라'가 된다. 즉 이 표시를 그려 넣으면 '너는 승리할 것이다'라는 예언이다.

왼쪽 그림의 기호가 바로 라바룸이다. 영어 알파벳 P와 X를 교차시켜 만든 것처럼 보이지만, 사실은 그리스 알파벳 카이[X]와 로[P]를 겹쳐놓은 것이다. 그리스어 X는 라틴어 Ch의 음가를 가졌으며, P는 R의 음가를 가지고 있다. 그러므로 라바룸을 그리스어 음가로 옮기면 CHR이 된다. 예수 크리스트[Christ]의 이니셜인 것이다.

오른쪽 사진에 보이는 군단기가 바로 signum(시그눔)이다. 지금 현대인들은 수많은 신호[sign]를 사용하지만 본래 로마의 군

단^{legio}에서 signum은 매우 중요한 군대의 요소였다. 군단이 집결해야 하는 기준점의 역할과 군단의 상징을 나타내기도 했다. 사진에서 보이는 열린 손은 백인대장에게 충성을 다 바친다는 의미였다. signum에는 동물의 장식도 있는데 독수리, 늑대, 미노타우로스, 말과 곰이 사용되었다. 한 가지 흥미로운 것은 signum을 들고 다니는 병사를 signifer(시그니페르)라고 불렀는데 위험한 임무를 맡고 있는 만큼 봉급이 다른 병사들의 두 배였다고 한다.

하나는 모두를 위해,
모두는 하나를 위해

~~~~

Unus pro omnibus, omnes pro uno

알프스하면 떠오르는 나라 스위스의 정식 국명은 라틴어로 Confoederatio Helvetica(콘페데라티오 헬베티카), 즉 '헬베티카 연방공화국'이라는 뜻이다. 그런데 왜 하필 나라의 이름이 라틴어로 되어 있을까?

스위스는 여러 민족이 살고 있는 나라이다. 약 820만 명의 인구 중에서 65퍼센트는 독일어, 23퍼센트는 프랑스어, 8퍼센트는 이탈리아어 그리고 0.5퍼센트의 인구가 스위스 로만슈어를 사용하고 있다. 작은 나라이지만 민족 구성이 복잡하다. 그렇다 보니 국명도 어느 특정 언어로 정할 수가 없다. 결국 스위스의 다양한 민족들이 사용하는 언어의 뿌리인 라틴어를 국가의 명칭에 사용한 것이다.

　헬베티카는 카이사르가 갈리아 지방을 정복할 즈음에 스위스 지방에 살던 골족의 일원인 헬베티족에서 나온 이름인데 현재 스위스인들의 조상이다. 이들은 스위스를 떠나 프랑스 남부의 론강을 건너 이주를 시도했지만 카이사르의 저지로 다시 고향으로 돌아갈 수밖에 없었다. 만약 헬베티족의 집단 이주가 성공했더라면 스위스는 알프스가 아니라 프랑스의 보르도 지방에 있었을 것이다. 스위스에는 정식 국가의 모토가 없지만 아래의 문장을 스위스의 국가 모토로 인정하고 있다.

Unus	**pro**	**omnibus,**
우누스	프로	옴니부스
하나는	위하여	다수를
omnes	**pro**	**uno**
옴네스	프로	우노
다수는	위하여	하나를

　Unus는 '하나'를 뜻하고 전치사 pro는 영어의 for에 해당하는데 탈격을 요구하는 전치사이다. 두 번째 omnes는 복수 주격이고, 첫 번째 ombibus는 복수 탈격의 형태이다. 즉 "개인은 다수를 위해, 다수는 개인을 위해"라는 모토이다. 본래 이 모토는 1868년 스위스에 대홍수가 났을 때 국민적 연대를 불러일으키기 위해 전국적으로 언론에서 홍보한 모토라고 한다. 다양한 민족들로 구성된 나라인 만큼 위기에 처했을 때 국민적 연대가 중요했을 것이다.

　그런데 이 말은 그보다 앞서 프랑스의 소설가 알렉상드르 뒤

스위스 연방궁의 돔 천정

마Alexandre Dumas의 대표작 《삼총사 *Les Trois Mousquetaires*》에서도 찾아볼 수 있다. 세 명의 검객들이 각자의 검을 하나로 모으면서 "모두는 하나를 위해, 하나는 모두를 위해Tous pour un, un pour tous라고 외치는 장면이 나온다. 좋은 말은 누구든지 자기 것으로 쓰고 싶은 것이 개인이나 국가나 마찬가지인 법이다.

누구든지 나를 공격하면
벌을 받으리라

~~~~

Nemo me impune lacessit

서기 5세기 영국에는 새로운 민족이 북해를 건너 들어왔다. 독일의 작센 지방에 살던 색슨족과 덴마크 남쪽에 살던 앵글르족이 그들이었다. 이전까지 브리튼 섬은 브리타니아^{Britannia}라고 불리던 로마의 속주였다. 하지만 5세기 초반 제국이 풍전등화의 위기에 처하자 브리타니아의 로마 군단은 철수하고 만다.

로마 군단이 철수하자 원주민인 켈트족은 서로 나눠 싸웠다. 켈트족 특유의 분열주의가 브리튼 섬에서도 그대로 드러났다. 그들은 내전에서 승리하기 위해 바다 건너 살던 게르만족을 부른다. 앵글로 색슨족은 이렇게 브리튼 섬에 왔다. 그리고 굴러온 돌이 박힌 돌(켈트족)을 북쪽으로 쫓아버렸다. 쫓겨난 켈트족 무리에는

스코틀랜드 왕실 문장

스코트족도 있었는데, 그들이 정착한 북쪽 땅을 그후 스코틀랜드라고 불렀다.

여기까지가 스코틀랜드의 간략한 역사이다. 이후 스코틀랜드는 17세기 중반까지 독립을 유지하다가 결국 잉글랜드에 흡수되고 만다. 하지만 스코틀랜드의 군주들이 영국 왕이 된 경우도 여러 번 있었듯이 두 나라의 구분은 모호하기까지 하다.

영국 왕실의 문장에 등장하는 사자와 유니콘이 스코틀랜드 왕실의 문장에서 그대로 보인다. 단지 영국 왕실의 문장에서는 오른쪽에 있던 유니콘이 스코틀랜드의 문장에서는 왼쪽에 배치되었을 뿐이다. 유니콘이 스코틀랜드 왕실의 상징 동물이기 때문이다. 가운데 문장의 구성과 틀에 갇힌 붉은 사자도 위치만 바뀌었을 뿐 영국 왕실의 문장과 그 형태가 거의 똑같다. 한 가지 다른 것은 영국 왕실에는 프랑스어로 모토가 적혀 있지만, 스코틀랜드의 문장에는 라틴어로 모토가 적혀 있다.

Nemo	**me**	**impune**	**lacessit**
네모	메	임푸네	라케시트
아무도~ 아니다	나를	벌받지 않고	공격하다

Lacessit는 '공격하다' 동사 lacessere의 현재 단수 3인칭 형태이고, impune는 '벌받지 않고'라는 부사이다. 즉 '아무도 나를 벌받지 않고 공격할 수 없다'라는 말은 '나를 공격하면 누구든지 벌을 받는다'라는 의미로 새겨볼 수 있다. 마치 영국 왕실에 중세 프랑스로 적힌 모토 "영국 왕실에 사념을 품은 자는 화를 입으리라"라는 경고성 문장과 일맥상통한다.

영어와 라틴어의 공통점과 다른 점

    유럽인들의 조상은 어디에서 살았을까? 지금처럼 프랑스인의 조상은 프랑스에서, 독일인의 조상은 독일에서 살았을까? 결론부터 말하자면 우리 민족의 조상 중 일부가 북방에서 남하했듯이, 학자들은 서양인들의 조상도 지금의 코카서스 지방(흑해 북쪽)에서 모여 살다가 일부는 유럽으로, 일부는 인도로 이동했다는 사실을 밝혀냈다. 다시 말해 인도인들과 유럽인들의 조상이 같다는 말이다.

    이 가설은 실제로 19세기 초에 입증되었다. 그렇다면 어떤 방법으로 증명되었을까? 다음의 표를 보면 그 답을 찾아볼 수 있다.

영어	I	me	is	mother	brother	ten
산스크리트어	aham	ma	asti	matar	bhratar	dasam
이란어	azem	ma	asti	matar	bratar	dasa
그리스어	ego	me	esti	meter	phrater	deka
라틴어	ego	me	est	mater	frater	decem
앵글로-색슨어	ic	me	is	moder	brothor	tien
舎아일랜드어		me	is	mathir	brahir	deich
리투아니아어	as	mi	esti	mote	broterelis	desimtis
러시아어	ja	menya	jest'	mat'	brat	desjat

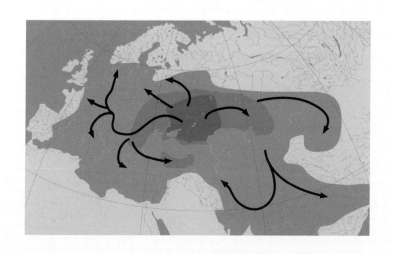

　러시아 연방의 코카서스 지방(사진에서 보라색 부분)이 인구어족의 원주지, 즉 Homeland이다. 유럽인들의 고향인 셈이다.

　이 표에는 영어를 비롯한 서양어들과 멀리 인도의 고어古語인 산스크리트어의 기본 단어들을 비교하고 있다. 학자들은 이 언어들을 인도유럽어족이라고 부른다. 이들이 같은 민족에서 기원했다는 사실은 언어의 비교를 통해서 밝혀졌다. 어머니에 관한 단어들을 비교해보면 보기에도 이들이 같은 말을 사용하고 있었다는 사실을 짐작할 수 있다. 어머니의 첫소리는 모두 자음 m이고 두 번째 소리는 빈도수가 많은 a임을 알 수 있다. 이렇게 해서 인구어족이 코카서스 지방에 살았을 당시의 '어머니'라는 말은 mater라고 짐작할 수 있다.

　이 책의 주인공인 라틴어와 국제 공용어인 영어도 인구어족에 속하는 친족 언어이다. 물론 영어와 독일어처럼 매우 가까운 친척은 아니지만, 영어와 라틴어도 그 조상이 같다는 말이다. 언어의

	영어(see)	라틴어(videre)
나	I see	video
너	you see	vides
그	he(she) sees	videt
우리	we see	videmus
너희	you see	videtis
그들	they see	vident

조상이 같다는 말은 인종 역시 한 뿌리에서 나왔다는 뜻이다.

영어와 라틴어의 비슷한 점을 하나 들어보자. 영어에서 him과 whom은 모두 목적어를 나타내는 말들이다. 그런데 라틴어에서도 amicum(친구를)과 rosam(장미를)에서 m은 영어처럼 목적어를 가리킨다. 이런 특징이 두 언어가 한 뿌리에서 나왔다는 것을 보여주는 증거이다.

언어의 변화는 수천 년의 시간 앞에서는 속수무책이다. 아무리 부모가 같은 언어라고 해도 왕래가 없어지고 지역적으로 고립된다면 두 언어는 다른 모습으로 변해 간다. 영어와 라틴어의 동사를 비교해보면 두 언어의 이질감을 확인할 수 있다.

알다시피 영어는 3인칭 단수의 현재 인칭에만 s가 붙어 다른 인칭과 구분된다. 물론 영어도 옛날에는 인칭마다 동사의 형태가 달랐지만 지금은 그렇지 않다. 영어와는 다르게 라틴어 동사 videre(보다)를 보면 인칭마다 그 형태가 다름을 알 수 있다. 그리고 영어와의 차이점을 하나 더 들자면 라틴어에서는 I와 You같은 대명사 주어가 생략된다는 것이다. 물론 라틴어에도 1인칭 단수 주어 Ego와 2인칭 단수 주어 Tu가 존재한다. 그렇지만 동사의 형태가 인칭마다 다르기 때문에 굳이 동사 앞에 대명사를 사용하지 않아도 된다.

정리해서 말하자면 영어는 라틴어와 집안이 같다. 하지만 두 언어는 오랜 기간을 두고 서로 다르게 진화했기 때문에 지금처럼 많은 차이를 보이기도 한다. 그럼에도 문명의 흐름은 물의 흐름과도 같아서 높은 곳에서 낮은 곳으로 흐르게 되어 있다. 영어에 수많은 라틴어 말들이 들어간 이유가 여기에 있다. 마치 한국어의 대부분이 한자에 그 뿌리를 두고 있는 것과 마찬가지이다.

라틴어의 기본

라틴어의 기본을 이해하기 위해서는 먼저 명사의 성과 격^{case}을 이해해야 한다. 라틴어에는 모든 명사들에 성이 있다. 즉 Caelum(하늘)은 남성 명사이고, Terra(땅)는 여성 명사 그리고 Datum(선물)은 중성 명사이다.

두 번째로 중요한 것은 라틴어에는 격^{case}이 존재한다는 사실이다. 우리말에서도 주격조사 '-는'과 '-이'가 단어 뒤에 붙어 주어가 되듯이, 라틴어는 격어미라는 것이 단어 뒤에 붙어 문장 안에서의 역할을 말해준다.

라틴어의 첫걸음에서 제일 중요한 것은 명사들의 성을 구분하고, 격어미를 알아두는 것이다. 영어 명사에는 성이 존재하지도 않고 그 형태도 동일하다. 다시 말해 주어의 형태와 목적어의 형태가 동일하다. 단지 복수일 경우에만 -s가 붙는다. 이것이 영어와 라틴어의 가장 큰 차이 중의 하나이다. 라틴어 명사 Amicus^{친구}의 변화를 보기로 하자.

다음 표는 남성 명사 Amicus의 변화이다. 이 책에서는 2군 남성 명사의 곡용으로 분류한다(부록의 곡용표 참조). 참고로 라틴어에서는 명사의 변화를 곡용이라고 부른다. 쉽게 설명하자면 한국어의 주격조사 '-는', 소유격 조사 '-의'와 같은 말들이 라틴어에

격	단수	복수	단수	복수
주격	Amic**us**	친구는	Amic**i**	친구들은
소유격	Amic**i**	친구의	Amic**orum**	친구들의
여격	Amic**o**	친구에게	Amic**is**	친구들에게
대격	Amic**um**	친구를	Amic**os**	친구들을
탈격	Amic**o**	친구에 의해	Amic**is**	친구들에 의해

는 명사의 형태가 조금씩 변하면서 그 역할을 한다고 보면 된다. 예를 들어 '친구는 본다'라고 하면 주격인 Amicus를 사용해야 하고, '친구들을'이라는 말을 목적어로 쓰고 싶으면 복수 대격 Amicos를 써야 한다. 소유격 Amici는 '친구의'란 뜻이고, 여격 Amico는 '친구에게' 그리고 탈격 Amico는 '친구에 의해', '친구를 통해'라는 뜻을 가진다. 이밖에도 상대방을 부를 때 사용하는 호격이 있지만, 호격은 주격과 거의 동일하기 때문에 이 책의 곡용표에서는 생략했다.

문제는 이 곡용의 형태를 암기해야 정확한 말을 구사할 수 있다는 것이다. 하지만 미리 걱정할 것은 없다. 언어는 습관이기 때문에 반복을 통하여 익힐 수 있다. 이 표에서 굵은 철자들이 곡용 어미들이다. 이 어미들이 대부분의 곡용에서 그대로 반복된다.

두 번째로 들 수 있는 라틴어의 대표적인 특징은 동사의 형태가 인칭마다 모두 다르다는 것이다. 그 예는 앞에서 소개한 동사 videre를 통해서 살펴보았다. 이 책의 부록에는 동사의 변화―정확히 말하면 활용이라고 한다―유형을 다섯 개의 유형으로 분류해 놓았다. Videre 동사는 제 2유형에 속하는 동사이다. 참고로 라틴어 동사의 형태 변화를 활용이라고 부른다.

라틴어의 또 다른 특징 중의 하나는 형용사의 경우도 남성, 여성, 중성형이 명사처럼 존재한다는 것이다. '아름다운'이라는 형용사 bellus는 여성형 bella와 중성형 bellum이 각각 존재한다. 그리고 형용사는 대개 명사 뒤에서 수식을 한다. 그러므로 "나는 멋진 친구를 본다"를 라틴어로 말하면 Video amicum bellum이 되고, 여자친구 amica로 바꾸면 amicam bellam이 된다. 형용사도 명사와 동일한 곡용을 한다. 즉, 남성 형용사 bellus는 남성 명사 amicus와 곡용 형태가 같다.

라틴어의 근본적인 특징을 영어와 비교하여 정리해보자.

첫째, 라틴어의 어순은 자유롭지만 선호되는 유형이 있다. 영어 문장 'The boys gives the girls roses'에서는 위치에 따라 주어와 목적어가 구분되지만 라틴어는 단어의 형태에 따라 그 역할이 확정된다. 하지만 라틴어에서 가장 선호되는 문장의 유형은 직접 목적어가 동사의 앞에 놓이는 어순이다. 아래 예문이 그런 어순을 잘 보여준다.

Pueri magnas rosas dant.
소년들은 큰 장미꽃들을 준다.

둘째, 라틴어에서는 동사의 어미가 변화하여 시제와 단복수를 구분해준다. 앞에서 본 videre 동사의 활용 형태가 이런 특징을 잘 보여준다.

셋째, 명사의 변화, 즉 곡용을 정확히 알아야 문장에서 그 명사가 어떤 기능을 하는지 알 수 있다. '친구를'을 의미하는 amicum은 문장에서 어떤 위치에 놓여도 항상 목적어의 역할을 한다. 하지만 영어는 위치가 단어의 역할을 결정한다.

라틴어의 알파벳과 발음 ━━━━━━━━━━━

현재 사용하고 있는 영어 알파벳은 26개이지만 공화정 말기 (기원전 1세기)에 로마 알파벳은 21개였다. 아래 알파벳들이 공화 정 시대에 사용되던 로마 알파벳들이다. 소문자는 없고 대문자만 있었다.

A B C D E F G H I K L M N O P Q R S T V X

기원전 1세기 전후 로마 알파벳 발음은 다음과 같았다. 지금의 독일어(아, 베, 체, 데)와 프랑스어 발음(아, 베, 세, 데)이 라틴어의 철자 발음과 비슷하다.

A[아] B[베] C[케] D[데] E[에] F[에프] G[게] H[하] I[이] K[카] L[엘] M[엠] N[엔] O[오] P[페] Q[쿠] R[에르] S[에스] T[테] V[우] X[익스]

지금의 알파벳과 비교하면 5개의 철자(J, U, W, Y, Z)가 보이 지 않는다. 그중에는 중세 후기에 새로 만들어진 알파벳(J와 U)이 있고, 그리스어에서 나중에 빌려온 Y와 Z가 있다. 그리고 W는 게르만 어원의 단어들을 표기하기 위해 중세에 도입한 철자이다.

라틴어의 발음은 먼저 모음에 장단음이 있었지만 이 책에서는 구분하지 않기로 한다. 강세 역시 표시하지 않았다. 모음 'A, E, I, O, U'은 '아, 에, 이, 오, 우'로 읽으면 된다. 물론 대문자 U는 로마 제정 시기까지 없었던 철자이므로 V로 표기해야 되는 것이 마땅하나, 훗날 모음으로 변한 V는 U로, 자음으로 남은 경우는 그대로 V로 표기한다. 예를 들어 2인칭 단수 대명사 TU는 TV로 표기하는 것이 맞지만 이 책에서는 Tu 혹은 tu로 표기한다(V가 모음이 되었기 때문에). 그리고 VENIRE는 venire로 옮겨 적는다(V가 자음으로 남았기 때문에). 소문자 표기도 원래는 안 되지만 소문자 표기에 익숙한 현대인들을 위해 사용하였다.

모음과 자음들이 들어간 단어들의 발음을 보자. 라틴어는 모든 자음과 모음을 발음해주면 된다. 발음과 철자를 대응시켜 라틴어의 발음을 익혀보자.

a : das 다스	
e : errare 에라레	
i : ira 이라	
o : cogito 코기토	
u : nunc 눈크	

자음과 복모음의 발음

b : basium 바시움	bs : urbs 우르프스
c : caritas 카리타스	ch : pulcher 풀케르
d : domus 도무스	ph : philosophia 필로소피아
f : femina 페미나	th : theatrum 테아트룸
g : gaudium 가우디움	ae : Caesar 카이사르
h : hic 히크	au : laudo 라우도
l : longus 론구스	ei : deinde 데인데
m : mora 모라	eu : seu 세우
n : novus 노부스	oe : coepit 코이피트
p : periculum 페리쿨룸	ui : cuius 쿠이우스
r : res 레스	
s : sapientia 사피엔티아	
t : tyranus 티라누스	

Agenda 아젠더

텔레비전에서 정치인들이 정치적 의사일정을 말할 때 아젠더 (Agenda)라는 말을 자주 쓰는 것을 볼 수 있다. 아젠더는 '협의 사항', '비망록' 등을 의미하는데 미국이나 유럽에서는 수첩 종류들도 아젠더라고 부른다. 본래 Agenda는 '하다'를 의미하는 라틴어 동사 agere에서 온 말이다. 고대 로마 시대에 Agenda에는 지금과 같은 뜻은 없었고, 서양 중세의 군대나 교회에서 '그날의 업무'와 같은 의미가 생겨났다고 한다.

Alibi 알리바이

탐정소설에 단골로 등장하는 이 말은 '다른 장소에'라는 라틴어 Alibi에서 나온 말이다. 범죄 사건을 수사할 때 수사관이나 탐정은 용의자가 사건 발생 당시 어디에 있었는지 추궁한다. 이때 용의자는 제3자의 증언을 통해 자신의 다른 곳에 있었음을 입증하는데, 이것이 알리바이다. 여기에 알리바이에는 또 다른 뜻이 생겨났는데 '변명', '구실'과 같은 의미가 그것이다. Late again, Richard? What's your alibi this time? 이 대화에서 alibi는 '변명'

이라는 뜻이다.

Alter Ego 알테르 에고

'또 다른 나'를 의미하는 알테르 에고는 로마의 웅변가이자 정치가인 키케로가 처음으로 사용한 말이다. 그는 '신임이 가는 친구'라는 뜻에서 Alter Ego를 사용했다. 문학에서는 작품에 등장하는 인물이 작가의 심리 상태와 행동 양식이 유사할 때 그 주인공을 작가의 Alter Ego라고 부른다.

Curriculum 커리큘럼

흔히 교육 과정으로 사용되는 이 말은 '뛰다'를 의미하는 라틴어 동사 currere에서 왔다. 이 동사에서는 cursus라는 말도 나왔는데, 그 뜻은 '경주', '속도', '쇄도'를 의미한다. 이 말이 영어에 들어가 '경주'를 의미하는 Course가 되었고, '수업'이라는 뜻도 생겨났다. 영국에서는 이력서를 Curriculum Vitae라고 말하는데 vitae는 '삶'을 뜻하는 vita의 단수 소유격이다. 그러므로 Curriculum Vitae는 '한 사람이 달려온 여정' 정도로 이해하면 될 듯하다. 미국 영어에서는 이력서를 Résumé라고 부른다. 이 말은 프랑스어로 '요약'을 뜻하는 Résumé에서 왔는데 프랑스어에서는 '논문의 요약본'을 의미한다.

Et cetera 에세테라

'기타 등등'으로 자주 쓰이는 이 말은 라틴어의 et(그리고)와 cetera(다른 것들)로 이루어진 말이다. Cetera는 '다른'을 뜻하는 ceterus의 중성 복수형이다. 그러므로 Et cetera는 '그리고 다른 것들'로 번역하면 된다. 약어는 etc.로 사용한다.

Exit 출구

'나가다'를 뜻하는 라틴어 동사 exire의 3인칭 단수 현재형인 Exit는 흔히 출구로 알려져 있는 말이다. 본래 이 단어는 15세기의 연극에서 사용되었던 말이다. 연극 무대에서 등장인물이 나가야 하는 경우, 대사 옆에 Exit라고 쓰면 그 배우는 무대에서 사라진다. Exit는 16세기에 영어에 들어가서 지금의 의미가 되었다.

Mea Culpa 내 탓이오

이 말은 가톨릭 미사 중에 '내 탓이오'라고 신자들이 자신의 죄를 참회할 때 사용하는 말이다. 미사에서 신자는 자신의 죄를 고백하는 순서가 있는데, 이때 신자는 "Mea culpa, mea culpa, mea maxima culpa."라고 말한다. 우리나라에서는 "내 탓이오 내 탓이오, 나의 큰 탓이옵니다"라고 말한다. 라틴어 maxima는 '큰'이라는 형용사 magnus의 여성 최상급이다. 그리고 Mea Culpa의 격은 주격이 아니라 '내 죄를 통하여 참회한다'라는 의미이므로 탈격이다. 자신의 탓보다 남의 탓으로 돌리기 좋아하는 우리가 한번은 새겨봐야 할 말이다.

Pecunia 돈

돈을 의미하는 라틴어 Pecunia는 가축을 뜻하는 pecus에서 왔다. 중세 사회에서 가축은 중요한 재산이었을 것이다. 그러므로 돈이라는 말이 가축에서 나왔다는 사실은 자연스럽게 보인다. 영어도 마찬가지다. 영어에서 수수료를 의미하는 Fee는 독일어 Vieh(발음은 영어처럼 [fiː]이다)에서 왔는데 그 뜻 역시 가축이라는 말이다. 영어의 Money는 라틴어 moneta에서 프랑스어를 거쳐 들어간 말이다. Moneta는 돈 중에서 동전을 가리킨다.

Tempus 시간

Tempus는 시간을 의미하는 라틴어다. 라틴어의 자식이라고 말할 수 있는 이탈리아어로는 Tempo(템포), 스페인어로는 Tiempo(티엠포) 그리고 프랑스어로는 Temps(떵)이다. 마지막 자음들을 발음하지 않는 프랑스어가 가장 이질적으로 보인다. 음악에서 사용하는 Tempo는 Tempus에서 왔다. 영어 공부를 할 때 '시제'라는 말을 보면 Tense라고 적혀 있다. 분명히 시간과 관련이 있어 보이는데 라틴어의 Tempus와는 조금 달라 보인다. 사실은 이렇다. 라틴어의 Tempus는 고대 프랑스어에 Tens(텐스)가 된다. 이후 프랑스어의 Tens는 중세기에 영어에 들어가서 시제를 의미하는 Tense가 된 것이다.

Audio 나는 듣는다

영어는 어휘의 30퍼센트를 라틴어에서 빌려 왔다. 스페인어와 프랑스어는 라틴어에서 나온 말이다. 그런데 이 3개 언어는 유럽, 북미, 남미와 아프리카에서 모국어와 공용어로 사용되고 있다. 그런 까닭에 이 언어들의 조상이 되는 라틴어로 브랜드 이름을 지으면 훨씬 효과적일 것이다.

세계 각국의 회사 브랜드 이름에 들어간 라틴어를 보자.

Acer 대만의 컴퓨터 회사. 라틴어로 '예리한'을 의미하는 Acer에서 이름을 지었다.

Asics 일본의 스포츠 용품 회사. Animus Sanus In Corpore Sano(건전한 육체에 건전한 정신).

Audi 독일의 자동차 회사. 이 회사의 창업자의 이름이 August Horch아우구스트 호르크였는데 Horch의 의미는 '들어라'였다. 이 말을 라틴어로 옮기면 동사 Audire(듣다)의 명령형 Audi(들어라)가 된다. Audio는 Audire 동사의 현재 1인칭 형태, 즉 '내가 듣는다'이다.

Equus 라틴어로 '말(馬)'을 의미한다.

Lego 덴마크의 다국적 완구 회사. Lego는 두 가지 언어의 의

미가 있다. 먼저 덴마크어로 풀어보면 'leg godh' 즉 '잘
놀다'라는 뜻이고, 라틴어 lego로 해석하면 '함께 모으다'
라는 의미다.

Sony 일본의 전자기기 제조회사. 라틴어로 소리를 의미하는
Sonus에서 유래되었다.

Volvo 스웨덴의 자동차 회사. 라틴어 동사 volvare(구르다)의 1인
칭 단수형이다.

Nivea 독일의 화장품 회사. Nivea는 라틴어로 '눈처럼 흰'을 의
미하는 nivus의 여성형이다.

Matrimonium 결혼

로마인들은 어떤 기준으로 배우자를 선택했을까? 다음 단어들
의 탈격(원인을 나타냄)을 통해 로마인들이 어떻게 결혼했는지 살
펴보자. 단어의 길이가 가장 긴 Amore가 최고의 기준이다.

RE 재산을 보고('물건' Res의 탈격)

ORE 얼굴을 보고('얼굴' Os의 탈격)

MORE 관습으로('관습' Mos의 탈격)

AMORE 사랑으로('사랑' Amor의 탈격)

Kalendis 칼렌디스, Nonis 노니스, Idibus 이디부스

고대 로마인들은 독특한 셈법을 가지고 있었다. 숫자 9는 10을 나타내는 X에서 1일 뺀 IX로 표기하듯이 뺄셈을 진법에 이용했다. 날짜를 세는 방법도 마찬가지다. 한 달에 31일이 있는 경우 1일은 Kalendis, 7일째 되는 날은 Nonis 그리고 보름은 Idibus라고 불렀다. 로마인들은 3개의 기준일을 가지고 한 달의 모든 날을 구분했다. 만약 7일째인 Nonis의 전날인 6일째는 'Nonis 하루 전날'을 의미하는 'Pridie Nonas'라고 불렀는데 pridie는 '전날'이라는 뜻이다. 그리고 5일은 Nonis의 세 번째 전날을 의미하는 a.d.(ante diem) III Nonas으로 표시하였다.

로마의 역법을 좀 더 쉽게 이해하기 위해 우리말 '보름'을 응용해보자. 만약 15일이 보름이면 13일을 보름을 기준으로 표기할 경우 '보름 3일 전의 날'이 된다. 영어 Calendar(달력)의 어원이 Kalendis이다.

Thermae 목욕장

로마 문명을 대표하는 문화를 하나 꼽으라면 단연코 목욕 문화일 것이다. 목욕을 의미하는 Therma(테르마)는 목욕탕으로 번역하기에는 그 규모가 너무 크다. 그래서 여러 개의 탕이 있는 복합 목욕장 Thermae(테르마이)를 목욕장이라고 부른다. 서기 306년에 완공된 디오클레티아누스 목욕장은 무려 3천 명을 수용할 수 있는 목욕장이었다. 여기에는 3종류의 욕탕, 즉 열탕 Calridarium(칼

리다리움), 온탕 Tepidarium(텔피다리움) 그리고 냉탕 Frigidarium
(프리기다리움) 이외에도, 부속 시설인 체육장, 도서관, 회화관, 음
악회장, 오락실 등 각종 편의 시설이 갖춰져 있었다. 오늘날로 치
면 복합 문화 센터에 대규모 탕과 찜질방이 함께 있었던 셈이다.
당시의 로마 시민들은 이 목욕장을 '서민의 궁전'이라고 불렀다.

Peace 평화 & Pay 지불

영어의 Peace는 라틴어 pax에서 온 말이다. Peace는 라틴어 pax
에서 시작하여 프랑스어 paix를 거쳐 영어에 들어갔다. 그런데 '지
불하다'라는 의미의 pay도 peace와 사촌지간의 말이다. Pay와
peace 사이에는 다음과 같은 인연이 있다. 12세기에 프랑스어를
통해서 들어간 영어 단어 pay에는 '진정시켜주다', '만족시키다'라
는 의미가 있었다. 돈을 받으면 마음이 푸근해지는 것이 인지상정
인 법이다.

이 책의 부록에는 라틴어 명사와 형용사의 곡용과 동사의 활용형이 정리되어 있다. 각 주제에 나오는 어휘들의 변화는 가급적 본문에 소개했지만, 일부 단어들의 곡용과 활용형은 부록을 참고하기 바란다. 아래의 사이트를 활용하면 라틴어 공부에 도움이 될 것이다.

- **라틴어 사전**

  http://www.latin-dictionary.net

  http://latindictionary.wikidot.com

- **명사의 곡용형과 동사의 활용형을 쉽게 찾을 수 있는 사이트**

  https://www.online-latin-dictionary.com

위에서 소개한 사이트에서 라틴어를 검색하는 것이 귀찮다면 찾으려는 단어를 Google에서 쳐보자. 예를 들어 Amicum이란 단어를 Google 검색에서 쳐보면 "Amicum-Wiktionary"라는 검색 결과가 나온다(2018년 9월 25일 검색에서는 3번째로 나온다). 인터넷 최대 언어 사전인 Wiktionary가 라틴어의 격변화형과 활용형을 친절하게 설명해 주고 있다.

모든 정보는 인터넷에 있다!Omnes notitia in Internet!

| 명사 곡용표 |

1군	2군					3군	
porta, -ae f. 문	amicus, -i m. 친구	puer, -i m. 소년	ager, -gri m. 들	donum, -i m. 선물	rex, regis m. 왕	corpus, -oris n. 신체
단수 ❶	❷-1	❷-2	❷-3	❷-4	❸-1	❸-2
주격	port-ae	amic-us	puer	ager	donum	rex	corpus
소유격	port-a	amic-i	puer-i	agr-i	don-i	reg-is	corpor-is
여격	port-ae	amic-o	puer-o	agr-o	don-o	reg-i	corpor-i
대격	port-am	amic-um	puer-um	agr-um	don-um	reg-em	corpus
탈격	port-a	amic-o	puer-o	agr-o	don-o	reg-e	corpor-e
복수 ❶	❷-1	❷-2	❷-3	❷-4	❸-1	❸-2
주격	port-ae	amic-i	puer-i	agr-i	don-a	reg-es	corpor-a
소유격	port-arum	amic-orum	puer-orum	agr-oum	don-orum	reg-um	corpor-um
여격	port-is	amic-is	puer-is	agr-is	don-is	reg-ibus	corpor-ibus
대격	port-as	amic-os	puer-os	agr-os	don-a	reg-es	corpor-a
탈격	port-is	amic-is	puer-is	agr-is	don-is	reg-ibus	corpor-ibus

3군(I-어미)			4군		5군
civis, -is m. 시민	urbs, -is f. 도시	mare, -is n. 바다	fructus, -us m. 과일	cornu, -us n. 뿔	dies, -ei m. 날
단수 ❸-3	❸-4	❸-5	❹-1	❹-2	❺
주격	civ-is	urb-s	mar-e	fruct-us	corn-u	di-es
소유격	civ-is	urb-is	mar-is	fruct-us	corn-us	di-ei
여격	civ-i	urb-i	mar-i	fruct-ui	corn-u	di-ei
대격	civ-em	urb-em	mar-e	fruct-um	corn-u	di-em
탈격	civ-e	urb-e	mar-i	fruct-u	corn-u	di-e

복수	❸-3	❸-4	❸-5	❹-1	❹-2	❺
주격	civ-es	urb-es	mar-ia	fruct-us	corn-ua	di-es
소유격	civ-ium	urb-ium	mar-ium	fruct-uum	corn-uum	di-erum
여격	civ-ibus	urb-ibus	mar-ibus	fruct-ibus	corn-ibus	di-ebus
대격	civ-es	urb-es	mar-ia	fruct-us	corn-ua	di-es
탈격	civ-ibus	urb-ibus	mar-ibus	fruct-tibus	corn-ibus	di-ebus

f. 여성, m. 남성, 주격 중성

| 형용사 및 대명사 곡용표 |

ⓐ-1

	단수			복수		
격	남성	여성	중성	남성	여성	중성
주격	magnus	magna	magnum	magni	magnae	magna
소유격	magni	magnae	magni	magnorum	magnarum	magnorum
여격	magno	magnae	magno	magnis	magnis	magnis
대격	magnum	magnam	magnum	magnos	magnas	magna
탈격	magno	magna	magno	magnis	magnis	magnis

ⓐ-2

	단수			복수		
격	남성	여성	중성	남성	여성	중성
주격	alter	altera	alterum	alteri	alterae	altera
소유격	alterius	alterius	alterius	alterorum	alterarum	alterorum
여격	alteri	alteri	alteri	alteris	alteris	alteris
대격	alterum	alteram	alterum	alteros	alteras	altera
탈격	altero	altera	altero	alteris	alteris	alteris

ⓐ-3

격	단수			복수		
	남성	여성	중성	남성	여성	중성
주격	alius	alia	aliud	alii	aliae	alia
소유격	alius	alius	alius	aliorum	aliarum	aliorum
여격	alii	alii	alii	aliis	aliis	aliis
대격	alium	aliam	aliud	alios	alias	alia
탈격	alio	alia	alio	aliis	aliis	alis

ⓐ-4

격	단수		복수	
	남성/여성	중성	남성/여성	중성
주격	brevis	breve	breves	brevia
소유격	brevis	brevis	brevium	brevium
여격	brevi	brevi	brevibus	brevibus
대격	brevem	breve	breves/brevis	brevia
탈격	brevi	brevi	brevibus	brevibus

ⓐ-5

격	단수		복수	
	남성/여성	중성	남성/여성	중성
주격	omnis	omne	omnes	omnia
소유격	omnis	omnis	omnium	omnium
여격	omni	omni	omnibus	omnibus
대격	omnem	omne	omnes/omnis	omnia
탈격	omni	omni	omnibus	omnibus

ⓐ-6

격	단수			복수		
	남성	여성	중성	남성	여성	중성
주격	meus	mea	meum	mei	meae	mea
소유격	mei	meae	mei	meorum	mearum	meorum
여격	meo	meae	meo	meis	meis	meis
대격	meum	meam	meum	meos	meas	mea
탈격	meo	meae	meo	meis	meis	meis

ⓐ-7

격	단수			복수		
	남성	여성	중성	남성	여성	중성
주격	pulcher	pulchra	pulchrum	pulchri	pulchrae	pulchra
소유격	pulchri	pulchrae	pulchri	pulchrorum	pulchrarum	pulchrorum
여격	pulchro	pulchrae	pulchro	pulchris	pulchris	pulchris
대격	pulchrum	pulchram	pulchrum	pulchros	pulchras	pulchra
탈격	pulchro	pulchra	pulchro	pulchris	pulchris	pulchris

ⓐ-8

격	단수			복수		
	남성	여성	중성	남성	여성	중성
주격	qui	quae	quod	qui	quae	quae
소유격	cuius	cuius	cuius	quorum	quarum	quorum
여격	cui	cui	cui	quibus	quibus	quibus
대격	quem	quam	quod	quos	quas	quae
탈격	quo	qua	quo	quibus	quibus	quibus

ⓐ-9

격	단수			복수		
	남성	여성	중성	남성	여성	중성
주격	quisque		quodque	quique	quaeque	
소유격	cuisque			quorumque	quarumque	quorumque
여격	cuique			quibusque		
대격	quemque		quodque	quosque	quasque	quaeque
탈격	quoque			quibusque		

ⓐ-10

격	단수		복수	
	남성/여성	중성	남성/여성	중성
주격	dulcis	**dulce**	dulces	dulcia
소유격	dulcis	dulcis	dulcium	dulcium
여격	dulci	dulci	dulcibus	dulcibus
대격	dulcem	dulce	dulces/dulcis	dulcia
탈격	dulci	dulci	dulcibus	dulcibus

ⓟ-1

격	단수(this, that, he, she)			복수		
	남성	여성	중성	남성	여성	중성
주격	is	ea	id	ei, ii	eae	ea
소유격	eius	eius	eius	eorum	earum	eorum
여격	ei	eam	id	eis, iis	eis, iis	eis, iis
대격	eum	eam	id	eos	eas	ea
탈격	eo	ea	eo	eis, iis	eis, iis	eis, iis

| 동사 활용표 |

1군 활용 ①	2군 활용 ②	3군 활용 ③	4군 활용 ④	5군 활용 ⑤
현재				
laudo	moneo	ago	audio	capio
laudas	mones	agis	audis	capis
laudat	monet	agit	audit	capit
laudamus	monemus	agimus	audimus	capimus
laudatis	monetis	agitis	auditis	capistis
laudant	monent	agunt	audiunt	capiunt
미완료 과거				
laudabam	monebam	agebam	audiebam	capiebam
laudabas	monebas	agebas	audiebas	capiebas
laudabat	monebat	agebat	audiebat	capiebat
laudabamus	monebamus	agebamus	audiebamus	capiebamus
laudabatis	monebatis	agebatis	audiebatis	capiebatis
laudabant	monebant	agebant	audiebant	capiebant
미래				
laudabo	monebo	agam	audiam	capiam
laudabis	monebis	ages	audies	capies
laudabit	monebit	aget	audiet	capiet
laudabimus	monebimus	agemus	audiemus	capiemus
laudabitis	monebitis	agetis	audietis	capietis
laudabunt	monebunt	agent	audient	capient
완료 과거				
laudavi	monui	egi	audivi	cepi
laudavisti	monuisti	egisti	audivisit	cepisiti
laudavit	monuit	egit	audivit	cepit
laudavimus	monuimus	egimus	audivimus	cepimus
laudavistis	monuistis	egistis	audivistis	cepistis
laudaverunt	monuerunt	egerunt	audiverunt	ceperunt
동사 원형				
laudare	monere	agere	audire	capere

라틴어 문장 수업

1판 1쇄 발행 2018년 10월 19일
1판 3쇄 발행 2020년 11월 4일

지은이 김동섭

발행인 양원석
편집장 김건희
디자인 남미현, 김미선
영업마케팅 조아라, 신예은, 김보미
펴낸 곳 ㈜알에이치코리아
주소 서울시 금천구 가산디지털2로 53, 20층 (가산동, 한라시그마밸리)
편집문의 02-6443-8902   **도서문의** 02-6443-8800
홈페이지 http://rhk.co.kr   **등록** 2004년 1월 15일 제2-3726호

ISBN 978-89-255-6487-6 (03100)